弓岡勝美の手芸図鑑――Ⅷ

ちりめんで作るお細工物

つり飾り、押絵、木目込み

はじめに

アンティークの着物や色々な小物たちはいつも私を感動させ心を打ちます。なぜならば、現代の着物にはない色使い、デザイン、技術、そして感性があふれているからです。着物として着ることが出来なくなったものは端切れになり、端切れは長い時間のなかで擦り切れたり汚れてしまうものもあります。それでも端切れは優しい感触となごみを与えてくれます。
作品を作るときはこの布を何に使ったら素敵なのか どこに使ったら効果的なのかと色々と考えて作りますが、それが一番大切なプロセスだと思っています。そうして、ひとつ一つのパーツを丁寧に作っていくことが作品の完成度を高めてくれるのだと思います。又、どんなに小さな端切れでも、しっかりとした存在感を示しながら作品の中で輝きを放っていきますので重要です。端切れは着物という形から皆様の作品へと形を変えてもなお感動を与えていきますので、大切に丁寧に作ることを心がけてください。

今回はお雛様のつり飾りだけでなく一年を通してつり飾りを楽しんでいただけたらという思いと、未曾有の大災害となった東日本大震災から一年が過ぎ、鎮魂の思いを込めたお盆のつり飾りを制作しました。皆様にも是非作っていただけたらとの思いからです。

今回で８冊目となる手芸図鑑を出版していただいた日本ヴォーグ社と御支持いただきました皆様方に心より感謝申し上げます。

金糸の吉祥柄のポーチ
江戸時代の貴重な半襟から

日本ヴォーグ社

目次

〈作品ページのマークについて〉
「つり飾り」など１作品にたくさんの作品がある場合は、代表的な作品のみの解説になります。

作り方つきの作品です。

巻末ショップで本体材料が購入できます。
（キットの内容等につきましては、直接お問い合わせください）

HOT LINE ホットライン
この本に関するご質問はお電話、Webで
書名／弓岡勝美の手芸図鑑Ⅷ　ちりめんで作るお細工物
本のコード／NV70134
担当／今 ひろこ
TEL 03-5261-5368（平日13：00〜17：00受付）
Webサイト「日本ヴォーグ社の本」
http://book.nihonvogue.co.jp
※サイト内（お問い合わせ）からお入りください（終日受付）。
（注）Webでのお問い合わせはパソコン専用となります。

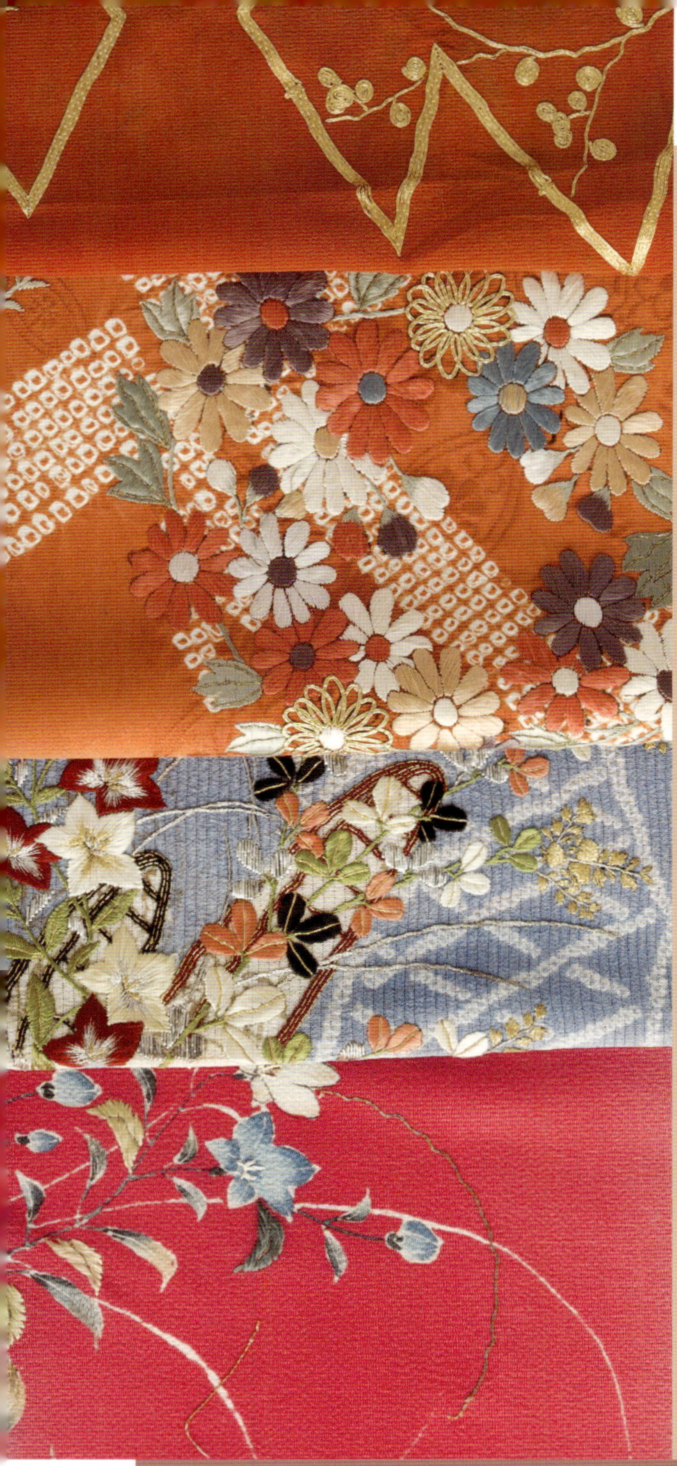

お細工物

つり飾りと歳時飾り

- 端午の節句
- 七夕とお盆
- お正月
- 雛祭り

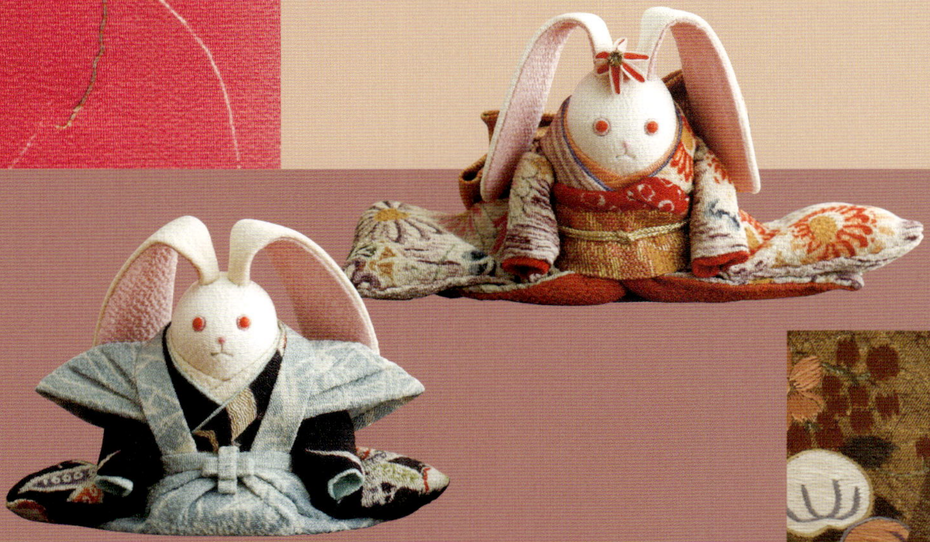

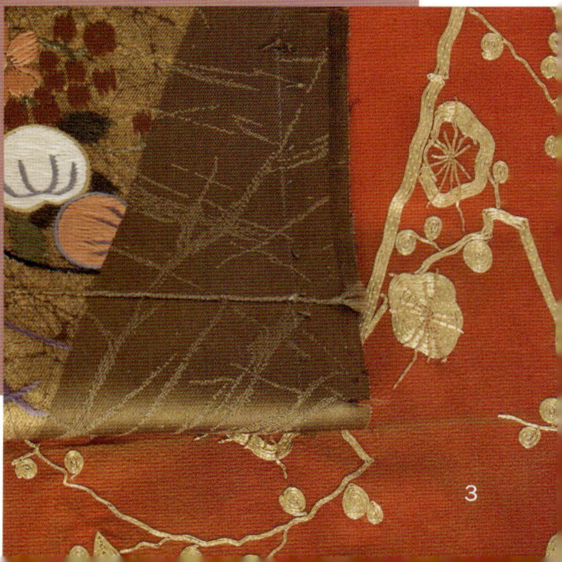

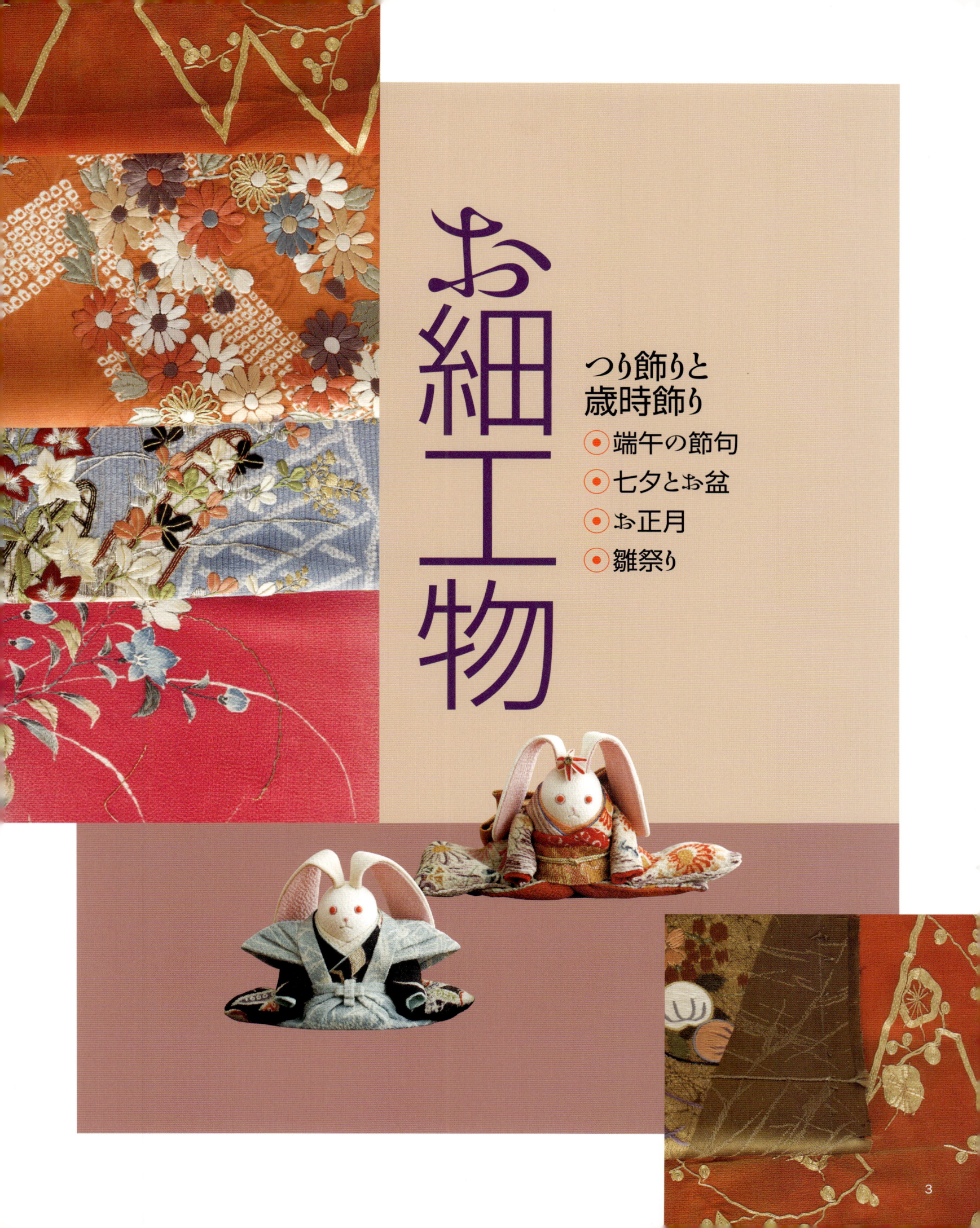

端午の節句

節句は日本の暦の一つで、
年中行事を行う季節ごとの節目となる日です。
伝統ある代表的なものが五節句で、
その一つが５月５日の端午の節句、
男の子の節句です。
菖蒲の節句とも呼ばれ、
強い香気で厄を祓うとされる菖蒲や
よもぎを軒につるしたり、
菖蒲湯に入る習慣があります。

端午の節句のつり飾り

男の子の健やかな成長を願って、鯉のぼり、
柏餅の縁起物や季節の燕やあやめの袋物を
飾りました。

印の作り方／73、74ページ

鯉のぼり

つり飾りの中の鯉のぼりを一匹で飾りました。
可愛くて存在感があるので、
大人の節句飾りとして。
作り方／73ページ

兜

江戸時代以降、
男の子の節句では身を守る鎧や
兜を飾る習慣があります。
作り方／78ページ

あやめの花袋

つり飾りの中のあやめを、
季節の飾りとして一輪。
まず1個作って、飾ってみましょう。
作り方／74ページ

鯉と稚児

伝承物のさるぼぼの稚児が鯉にのり、
元気一杯です。
健やかな成長を願って。
作り方／76ページ

端午の節句の粽《ちまき》

平安時代に中国から
端午の節句が伝来したときに、
粽も一緒に伝えられ上方で伝承されました。
粽に結んだ赤・青・黄・白・黒の５色の糸は
邪気を払う色とされ、
子供が無事に育つようにとの
魔よけの意味があります。
作り方／80ページ

花菖蒲の節句飾り

端午の節句は別名「菖蒲の節句」とも言れるように、
本来は菖蒲で厄祓いをする行事でした。
紫の美しい花で目を楽しませてくれるのが花菖蒲、
お風呂に入れて香りや効能を楽しむのが菖蒲です。
（参考作品）

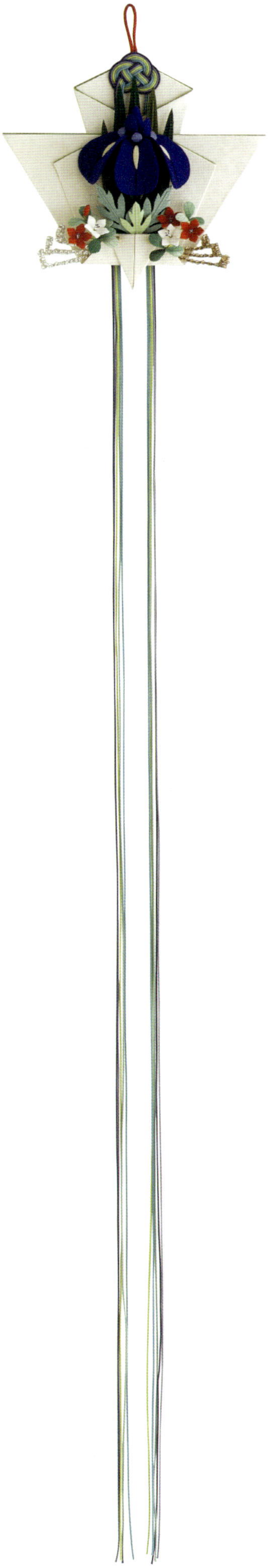

粽と柏餅の節句飾り

柏餅は日本独特のもので江戸時代に関東に広がり、
端午の節句の縁起の良い食べ物になりました。
柏餅の作り方／75ページ

七夕とお盆

七夕には、お盆前の先祖を
迎えるための禊《みそぎ》の意味があり、
七夕の笹は精霊(祖先の霊)が
宿る依代《よりしろ》とされます。
現在でも七夕を「盆入り」として、
お盆行事の一環として
お祝いする地方が多いようです。
お盆は、
正式名称を
盂蘭盆会《うらぼんえ》と言い、
先祖の精霊を迎えて供養する期間を
「お盆」と呼びます。
7月(旧暦では8月)13日の夕方には
迎え火を焚いて先祖の霊をお迎えして供養し、
16日の夕方には送り火を焚いて
先祖の霊をお送りします。
この七夕からお盆にかけて飾る、つり飾りを
作りました。

七夕とお盆のつり飾り

故人の魂をなぐさめるために、提灯と生前身の回りにあったものを、供物としてお細工物で作って飾り、厄除けの三角の鱗《うろこ》をつけます。
また短冊は野辺の草花を押し花にして、願い事や供養の祈りを書けるようにしました。

●印の作り方／82、83ページ

二連の盆飾り

提灯と野辺の花、野菜などの
お細工物の供物を２連、
軒先につるしました。
一度に輪飾りを作るのは無理でも、
毎年１連か２連ずつ作って
飾るのも楽しみですね。

福ふく金魚

お細工物でお馴染みの金魚を、
大きく福々しく作りました(サイズ／35×43cm)。
愛きょう者ですので、小さなマスコットからクッションまで、
お好みのサイズで楽しんでください。
作り方／84ページ

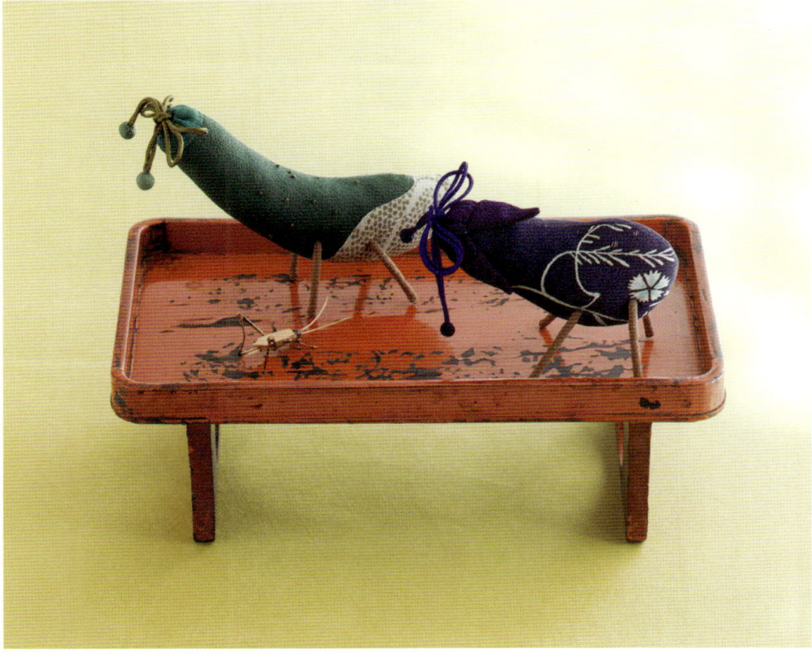

盆飾りの精霊馬《しょうりょううま》

きゅうりを足の速い馬に見立てて、
あの世から早く戻ってこられるように。
なすびを牛に見立てて、帰るときはのんびりと、の願いを
表現していると言われます。

お正月

五節句では１月１日の元旦を
別格としています。
江戸時代に幕府の公式行事となった
五節句＝人日《じんじつ》（１月７日）、上巳《じょうし》（３月３日）、
端午《たんご》（５月５日）、七夕《たなばた》（７月７日）、
重陽《ちょうよう》（９月９日）は、日本の季節行事として
庶民の生活にも深くかかわってきました。
またお正月とお盆は生活の大きな節目として、
現代でも我々の暮らしに
大きくかかわっています。

お正月のつり飾り

縁起物の鶴や鯛、熨斗《のし》飾り、羽子板、椿を立体的な押絵にし、中心には糸かけまりを飾ります。

作り方／88～90ページ

お正月から春の衝立《ついたて》飾り

お正月からお雛様にかけて飾れる、
早春の寿をつるしました。
格子の中の布絵のような裂との
組み合わせが絶妙です。
飾るものはいろいろアレンジして、
小さなお細工物を楽しみましょう。
衝立のサイズ／58×43cm。

干支の辰のお細工物と羽子板

辰は動物にあてはめると竜(龍)になります。
十二支では唯一の想像上の動物で、
古代中国では神獣とされています。
竜の作り方／92ページ
羽子板の図案／97ページ

早春の吊るし飾り

衝立飾りの梅、苺、桜、
蕪、赤蕪、蜜柑の袋物(ミニ)です。
3.5～6㎝くらいのかわいさです。
作り方／85～87ページ

雛祭り

３月３日、上巳《じょうし》の節句は、
桃の花が咲く季節から
「桃の節句」とも呼ばれ、
女の子の健康と厄除けを
願ったことが始まりとされています。
紀元は平安時代より前とされ、
江戸時代には庶民の人形遊びと
節句が結びついて、
行事となり発展しました。

つり雛

各地に伝わる雛のつるし飾りは、
長女の初節句に雛段の左右につるして、
無病息災や良縁を祈願したと
伝えられています。
また庶民の間では雛段の
変わりでもありました。

つり雛飾り

人形、花、野菜や
果物、宝物、厄除けなど
女の子の生活に大切なもの、
49個のお細工物が飾られています。
中央には必ずてまりを入れましょう。
●印の作り方／95、96ページ

うさぎのお内裏様とお雛様

お細工物、押絵、木目込みの３技法を使って作ります。
19ページの殿様がお内裏様ですので、裃《かみしも》姿です。
２体の後ろ姿も、ほのぼのとして可愛いでしょ？
作り方／94ページ

殿様と姫たち

創作の殿様とお姫様。
美しい着物や帯も華やかに
たくさん並べて雛祭りを祝います。

犬《いぬ》筥《ばこ》と雛飾り

犬が伏した形の小箱、
犬筥は安産や子供の健康を祈るお守りで、
犬張り子の源流とされます。
犬筥はお内裏様とお雛様、菱餅、
貝合わせなど雛道具が
納まります(参考作品)。

貝《かい》桶《おけ》と雛飾り

貝桶は２個で一対となります。
江戸時代には嫁入り道具の一つとされ、
今も雛道具の一つになっています。
貝桶には、これらの雛道具一式が納まります(参考作品)。

姫うさぎ

本体は木目込み、耳は立体押絵、
その他はお細工物の技法で作ります。
品のあるお顔に、振り袖にふくら雀の帯結び。
後ろ姿もかわいい姫君です(参考作品)。

押絵

- 羽子板飾り
- 軸飾りと屏風
- 文箱
- 熨《の》斗《し》飾《かざ》り

羽子板飾り（お正月の縁起物）

羽子板と押絵の関係は古く、
押絵の技法が
一番活かされているのが羽子板です。
羽子板の歴史はさらに古く、
室町時代の宮中のことを記録した
書物に羽根つきの記録があります。
武家社会でも江戸時代には、
年末に厄祓いの縁起物として
羽子板を贈ることがあったそうです。

お正月の羽子板

松竹梅、鯛を見立てた宝船、
弓射の「ハマ」と矢など縁起物を、
立体押絵の技法で飾りました。
柄の布は表具の金襴を使った、
格調ある仕上げです（参考作品）。
羽子板の布の貼り方は64ページ参照。

〈実物大〉

招きねこの羽子板

商売に縁起物の熊手、招きねこ、
打出の小槌、宝袋、千客万来の大入袋、
松竹梅などを飾りました(参考作品)。
羽子板の布の貼り方は
64ページ参照。

吉祥の宝づくしの羽子板

図案／97ページ

宝船の羽子板

図案／97ページ

鏡餅飾りのお細工物

鏡餅に飾って、床の間に(参考作品)。

お正月飾りの羽子板

図案／97ページ

羽子板飾り（浮世絵）

歌舞伎、浮世絵、羽子板は江戸文化の中で花開きました。
浮世絵は錦絵とも言い、歌舞伎役者や美人画だけでなく、
人々の日常の生活や風物などが多く描かれ、
庶民の間でも人気が広まりました。
ここでは子供の遊びや母と子の情景を
羽子板にアレンジしました。

お正月遊びの羽子板

美しいちりめんの古裂を背景に活かして、
子供たちの凧揚げと
羽根つきの様子を押絵にしました。
図案／100ページ

お正月遊びの羽子板

子供たちの凧揚げの様子です。
大凧はその年の
干支の竜のようです。
図案／100ページ

母親と稚児の羽子板

夕方、蚊帳の外で稚児に乳を
飲ませる母子の様子です。
虫籠は鈴虫でしょうか？
図案／101ページ

習い事風景の羽子板

秋も深まり、遊び盛りの女の子が、
母親に三味線の稽古をさせられる様子が
伝わってきます。
図案／101ページ

四季の軸飾りと屏風

四季や歳時に合わせて飾る、軸飾りと屏風です。
軸飾りは床の間や柱にかける帯状の布の絵柄と、
取り外しができる押絵の組み合わせで、
四季を楽しむ趣向です。
33ページ左から、お正月の宝づくし、
落ち椿、夜桜、夏の風物詩、
お月見(参考作品)。

夏の金魚の軸飾り
夏の風物詩、
うちわと赤い出目金が涼しげです。
(参考作品)

打出の小槌と宝物

藪椿

花見うさぎ

うちわと金魚

うさぎの餅つき

四季の花の屏風

菊と紅葉、朝顔、桜と牡丹、梅と椿。
四季を通じて花の季節に出して
楽しめる趣向です。
図案／102ページ

うさぎの嫁入り

「ねずみの嫁入り」ならぬ、
うさぎが主人公の
民話の世界が広がります。
図案／103ページ

着物と帯のひな型

着物の端切れで雛型を作り、
着せ替えのように組み合わせて
楽しみます。
図案／103ページ

四季の文箱

四万十川の流木で作った木箱に
四季の花を押絵で飾りました
(蓋のトリミングの布は木目込みです)。
自然の木肌の温もりに、
ちりめんの古裂が
格調あるお花になっています。

桜の文箱

春先に蕾がほころび、
新芽が出たころの桜の一枝を
押絵で描きました。
図案／99ページ

椿の文箱

上. 赤の藪椿。
下. 乙女椿と赤白絞りの椿。
図案／99ページ

牡丹の文箱

牡丹は別名「富貴草」、
「百花王」、「花神」、「花中の王」、
「名取草」など多数あり、
花の王として
愛でられました。
図案／99ページ

つつじの文箱

つつじと言えば、
この大紫《おおむらさき》躑躅《つつじ》を指します。
大輪の花を咲かせ、
色は赤紫から
淡いピンクまで豊富です。
図案／99ページ

熨斗飾り《のしかざり》

熨斗飾りは、めでたさと、
心からの祝意を表す
気持ちの象徴です。
季節の花や歳時飾りを
熨斗で包み、
蝶結びやあわじ結びを飾りました。

左上. 花菖蒲
作り方／98ページ
右上. 朝顔
左下. 七夕飾り
右下. 鬼灯《ほおずき》
(参考作品)

木目込み

- 招きねこ
- 伝承玩具
- うさぎづくし
- 姫うさぎのお人形
- 花まり
- 華てまり

赤い首輪の招きねこ

三毛ねこが赤い首輪に金の鈴をつけた、
定番のスタイルです(参考作品)。

招きねこと伝承玩具

木目込みは土台に彫った溝に布地を埋め込んで、
表情をつけていく技法です。
この埋め込むことを「きめこむ」ということから、
木目込みと呼ばれるようになりました。
木目込み人形は280年くらい前に、
京都の賀茂神社に仕える職人が、
木片に神官の衣裳の端切れを木目込んで
人形を作ったのが始まりと言われています。
人形や干支飾り、伝承玩具、てまりなど、
現在でも親しまれる技法の一つです。

よだれかけの招きねこ

前足で人を招くポーズをした、招きねこ。
古くは蚕を食べるネズミを
駆除することから養蚕の縁起物でしたが、
現在では商売繁盛の縁起物と
されています(参考作品)。

春《はる》駒《こま》の玩具

馬の頭の形を作り、
竹を挿して下端に車をつけて、
子供が跨って遊ぶ玩具です。
土台を木目込み、
お細工物や押絵の技法で
飾っています(参考作品)。

犬張子２種とでんでん太鼓

犬張子の起源は平安時代の
狛犬まで遡りますが、犬張子は安産、
成長祈願の縁起物として、
受け継がれてきました。
丸い身体に丸い顔と太い足、
健康で愛らしい容貌です（参考作品）。
でんでん太鼓は太鼓の
両側のひもに玉ををつけ、持ち手を回転させて、
それで太鼓を鳴らして遊びます。
押絵は犬筥《いぬばこ》と鳩車です。
押絵の図案／100、101ページ

うさぎづくし

お細工物でも人気のうさぎを、
木目込みと立体的な押絵の技法で作りました。
本体を削り出して作るのは難しいので、
ここでは発砲スチロールの本体があるもので、
雪うさぎを詳しくプロセス解説しました。
53〜58ページを参考に、
雪うさぎにチャレンジしませんか?

雪うさぎと俵形の蹴鞠《けまり》

蹴鞠はアンティークのお細工物です。
雪うさぎの目は赤い南天の実を木目込み、
耳は南天の葉を立体押絵で作りました。
(参考作品)

雪うさぎ3体。後ろ姿もほっこりと、
愛らしい(参考作品)。
左下. 雪うさぎ
この雪うさぎをプロセス解説します。
作り方解説／53ページ
右下. 貝合わせとミニ雪うさぎ(参考作品)。

姫うさぎのお人形

日本人形の歴史は平安時代と言われ、
その後、江戸時代に町人文化が花開き、
その基礎が築かれました。
代表的なものが
市松人形や衣装人形です。
衣装人形は
様々な衣裳で作られ、
人形を嫁入り道具の
一つとした時代は
近年まで続きました。

雛祭りの姫うさぎ

雛祭りの装いをしたうさぎの人形は
髪飾りも華やか。
雛飾りの横に飾られます。
体長40cm(参考作品)。

雛祭りの姫うさぎ

雛祭りの装いをしたうさぎの人形は
右のうさぎの
お姉さんでしょうか？
姉妹仲良く雛祭りです(参考作品。)

花まりと華てまり

平安時代の貴族の遊び「蹴まり」が
由来とされ、
江戸時代になってお屋敷の
女中たちによって、
美しいまりが作られるようになりました。
それが今日の御殿まり、
てまりと呼ばれるもので、
飾りとして楽しまれています。
木目込みでは四季の花を
モチーフに花まりを作り、
美しい房飾りをつけてつるしました。

華てまり

伝統的なてまりを元に、ちりめんや金糸、
リリヤンを使って華てまりを作りました。
手前は木目込みで源氏香、
後ろは八分割の貼りまりです(参考作品)。
貼りまりのポイントは66ページ参照

木目込みの花まり

まりは四季の花をモチーフに、
房飾りは花の色に合わせて選びました。
流れるような色のハーモニーが
楽しめます(参考作品)。
木目込みまりのポイントは
68ページ参照

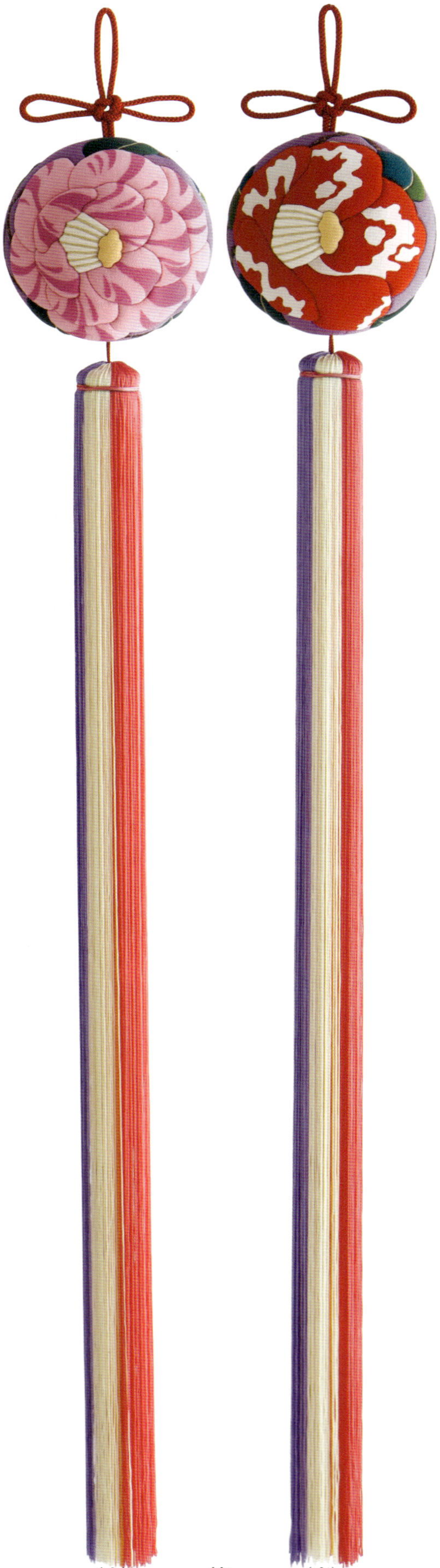

(表)　椿　(裏)

黄水仙

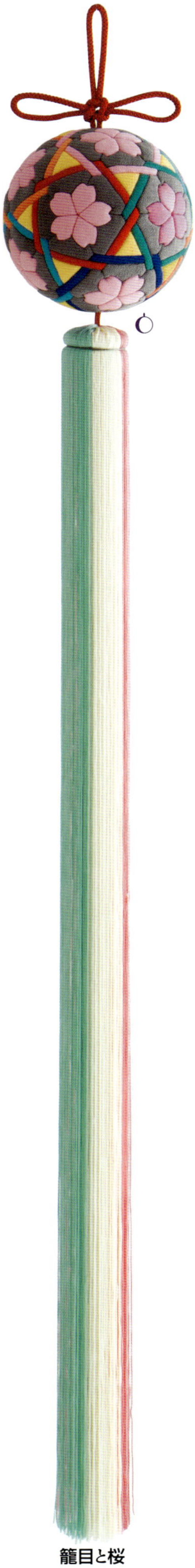

籠目と桜

桜

（表）　花菖蒲と兜　（裏）

（表）　ゆり　（裏）

菊

匠の技を習う

お細工物、押絵、木目込みの技法を巧みに使って、
独創的な美しい作品を創る著者に、
匠の技を習います。
作品作りを簡単にするために、
ここでは解説する作品の土台が買えるもの、
羽子板以外は扱いやすい
発砲スチロールの素材にしました。
かくし技も公開していただきましたので、
是非チャレンジしてください。

木目込みの「ねこ」
59ページ

木目込みの「雪うさぎ」
53ページ

羽子板の布の貼り方
64ページ

「貼りまり」のポイント
66ページ

「木目込みまり」のポイント
68ページ

木目込みの「雪うさぎ」

45ページの雪うさぎは真っ白ですが、
ここでは台のついた雪うさぎを作ります。
雪の白、南天の葉の緑、台の黒柄のちりめんを使った、
木目込みと立体的な押絵の技法を解説します。
木目込みをきれいに仕上げるコツと、
愛らしい目、耳、尾のつけ方を習いましょう。

■雪うさぎの材料

胴・尾の土台…発泡スチロールの雪うさぎ型と玉½個
ちりめん………白無地、黒柄、緑無地２種、
赤の足つきボタン２個、厚手接着芯、
ちりめん用カラー接着芯

■作り方ポイント

- 木目込みの用具は59ページ参照（耳付け位置は彫刻刀の平刀も使用）。
- 用具は部分によって使い分けます。アイロンはミニアイロンと和裁用の電気ゴテを使います。
- ちりめんには接着芯を貼ります（接着芯は64ページ参照）。２枚を貼り合せる場合は両面接着芯を使います。
- 56ページの型紙を使い、バランスの良い目と耳の位置を印します。
- 土台に布を貼るときは布目を正確に、丁寧に布をいなしながら、皺が出ないように木目込んでいきます。

本体を作る

1.土台を印す

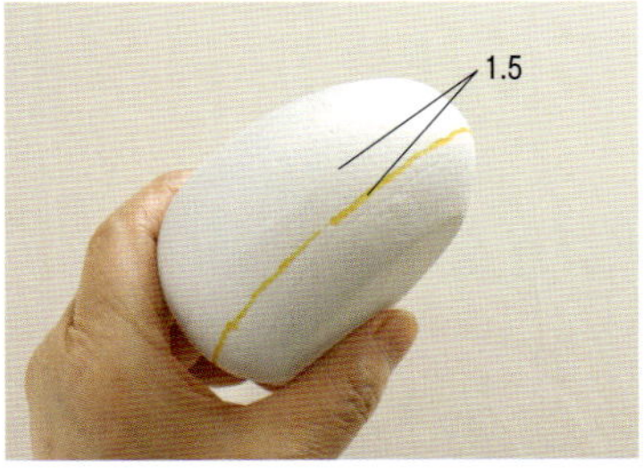

1 土台の中央線（発砲スチロールの加工でできる線）より底側に1.5cmのところに、切り替え線を黄色のペンで印します。

2 その線幅の上側にカッターを直角に当てて、0.3cmほど切り込みを入れて一周します。

2.型紙を使って目と耳の位置を決める

型紙は56ページ

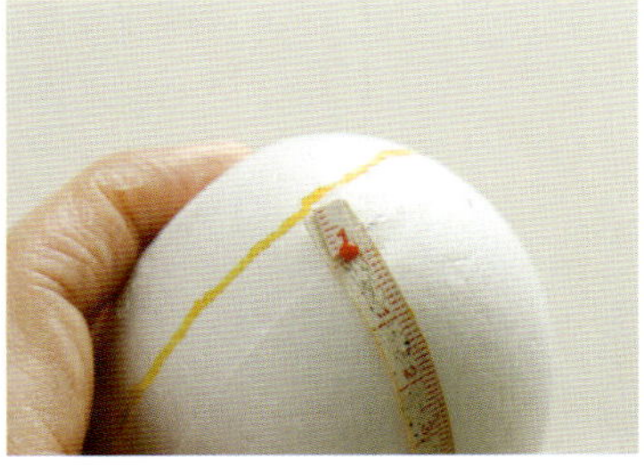

1 頭側先端の中央線にメジャーを合わせ、ピンで止めます。

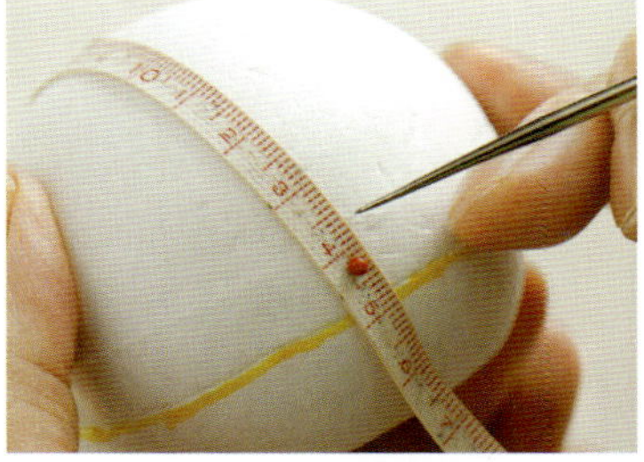

2 背の一番長い距離（背中心）を取り、まち針で止めます。メジャーのピンと張った背中心側の線を決めます。

3 接着芯に型紙を写し、頭から背中心に合わせて止めます。

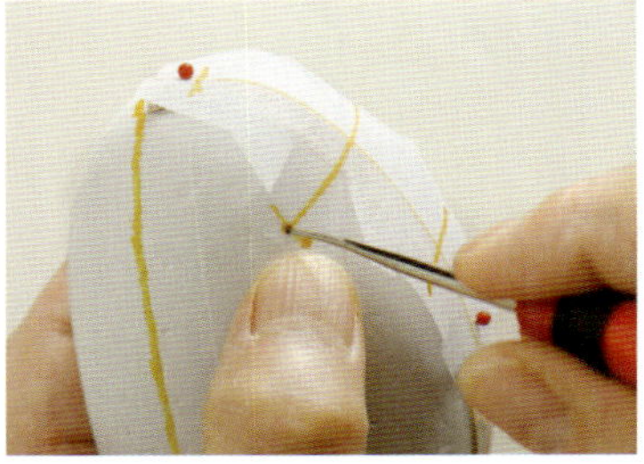

4 目、耳の位置に目打ちで穴をあけます。浮く部分は切り込みを入れて、土台に沿わせて正確につけ位置を決めます。

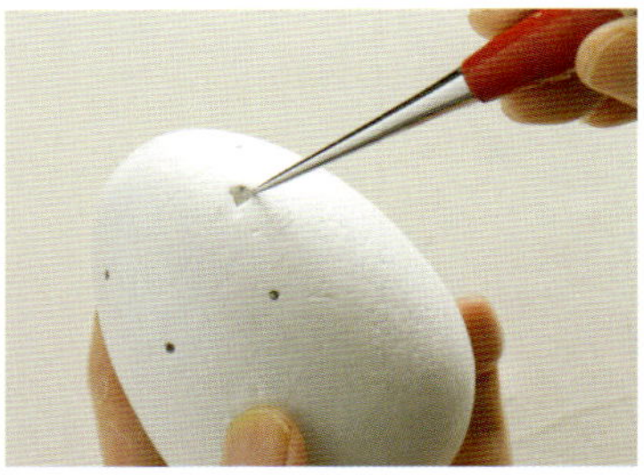

5 型紙を外して鉛筆で印をつけ直し、目の穴を広げます。

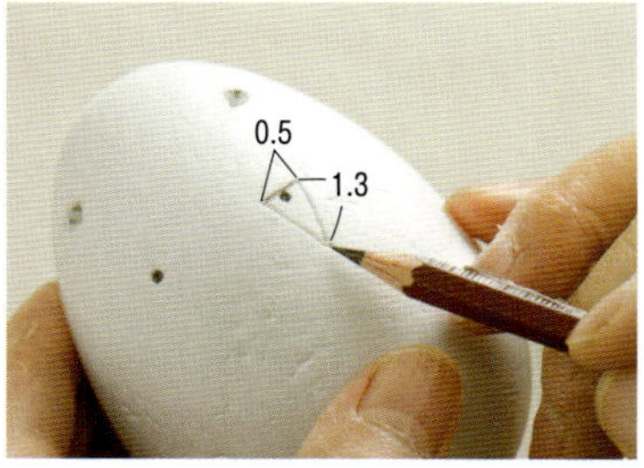

6 耳の印に耳幅分の横線を引き、後ろ側に二等辺三角形を書きます。

7 カッターで切り込みを入れます。後ろ側2辺は内側に斜めに切り込みを入れます。

8 耳つけ位置の前側に斜め深く平刀を差し込み、耳を差し込む穴をあけます。

9 左右の耳位置を三角形に作ります。

3.尾のつけ位置を作る

尾を上げ気味にするのが、可愛くするポイントです。

1 土台後ろ中心の中央線の上に尾の土台をまち針で止め、つけ位置に線を引きます。

2 円周と十字の切り込みを入れ、四分の一ずつ掘ります。

3 平らにし、尾の上部を下部より少し深く掘って尾が上がるようにします。

4 尾の土台をはめて納まり具合を確認し、調整します。

布を貼る

1.本体布を木目込む

まず、へらで布端を差し込み、収まり具合を見て切り揃え、フレアが出る部分には切り込みを入れます。

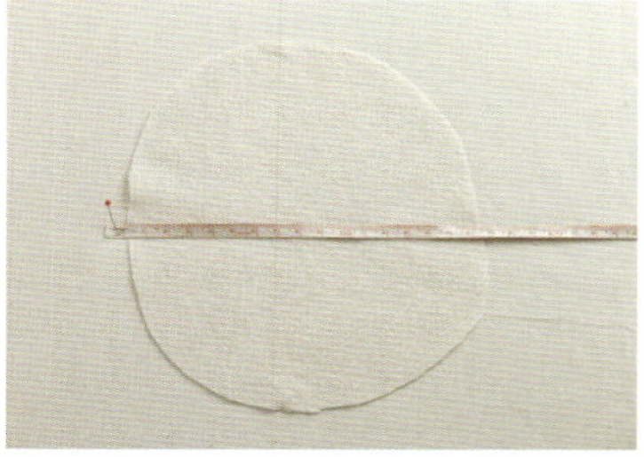

1 胴の土台の縦横幅の広いところを測り、のり代をつけて大体の大きさに布を裁ちます。

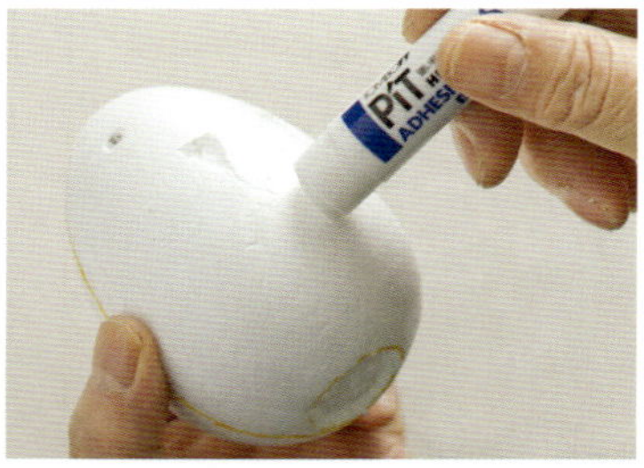

2 土台の背中に、のりを塗ります。

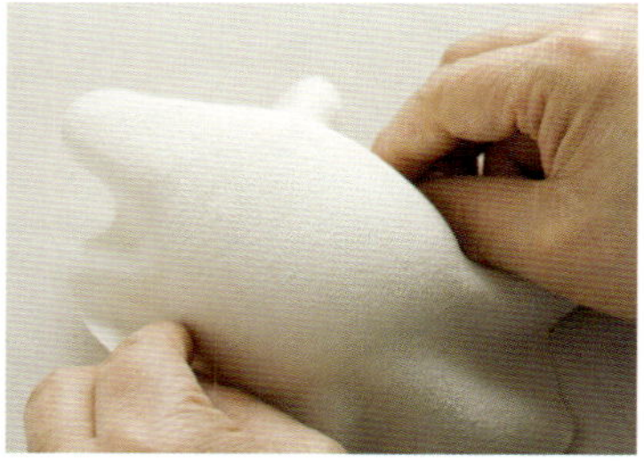

3 背中に布をかぶせ、横の布を引っ張ります。

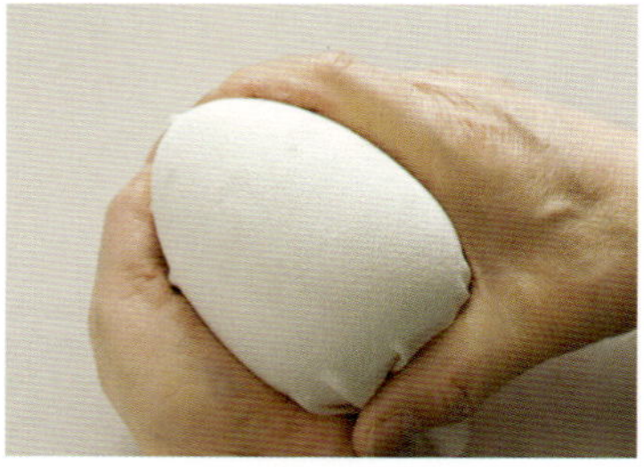

4 全体の布端を引っ張りながら手で押さえ、様子を見ます。

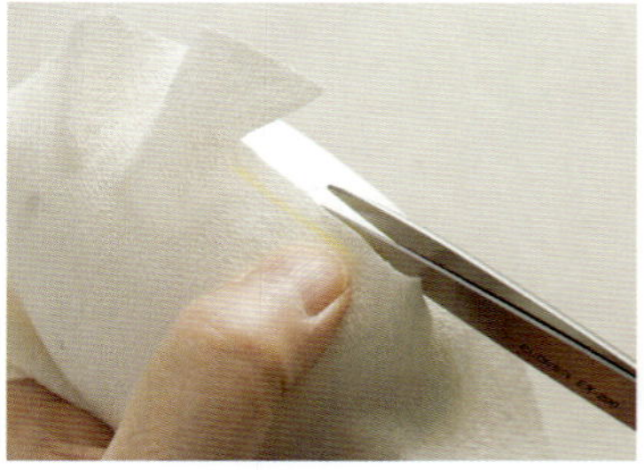

5 切り込み線から0.3～0.5cmのり代をつけて布をカットします（4～5cmずつ、木目込む分だけをカットします）。

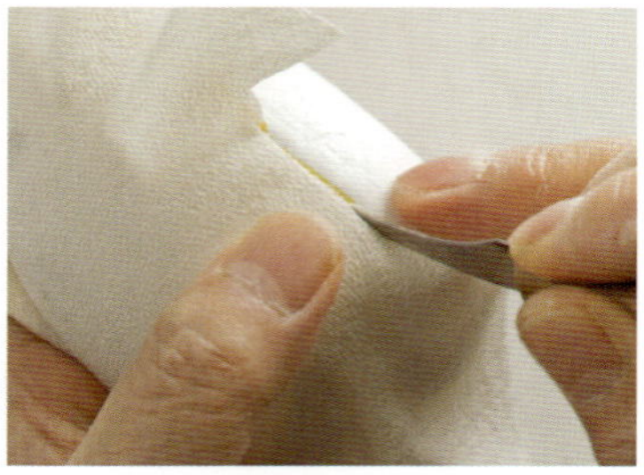

6 へらで布端を差し込み収まり具合をみます。土台の左右前後のポイントから先に木目込みます。

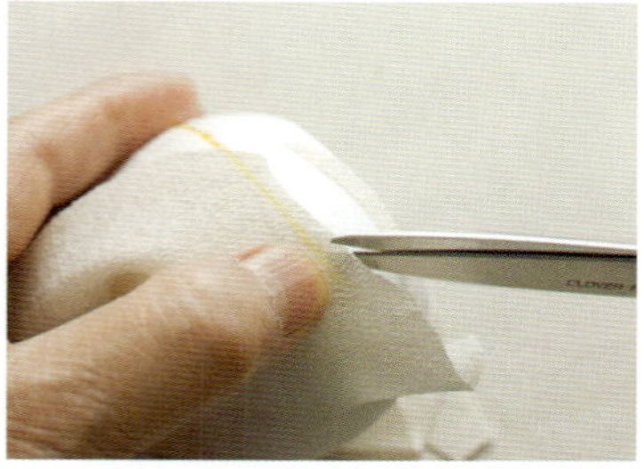

7 途中でできるフレアに切り込みを入れます。

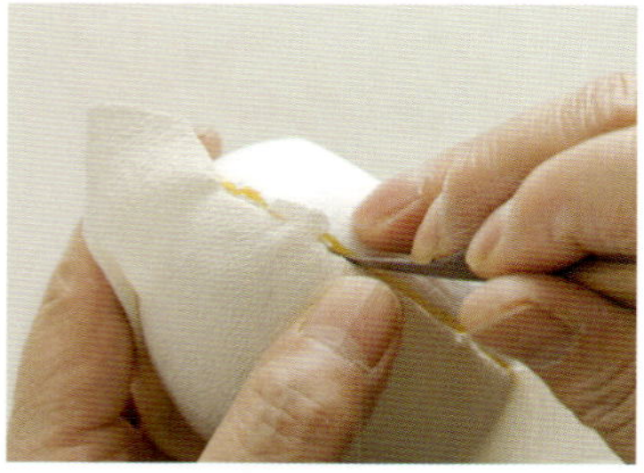

8 カーブは布をいなしながら、しわが出ないように木目込みます。

2.尾つけ位置の始末

1 布の寄りを後ろ側に集めます。

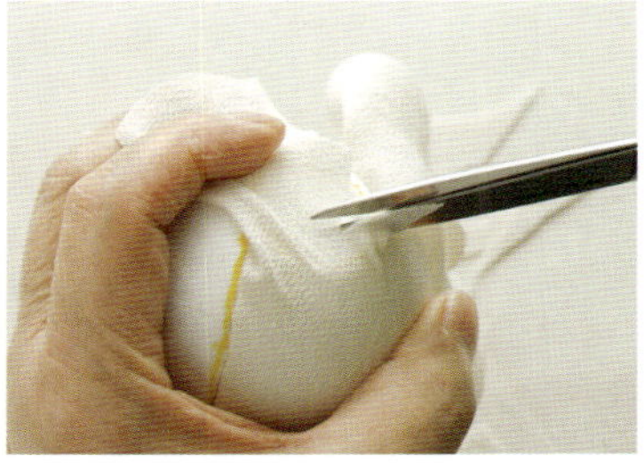

2 余分な重なりの布をカットします。

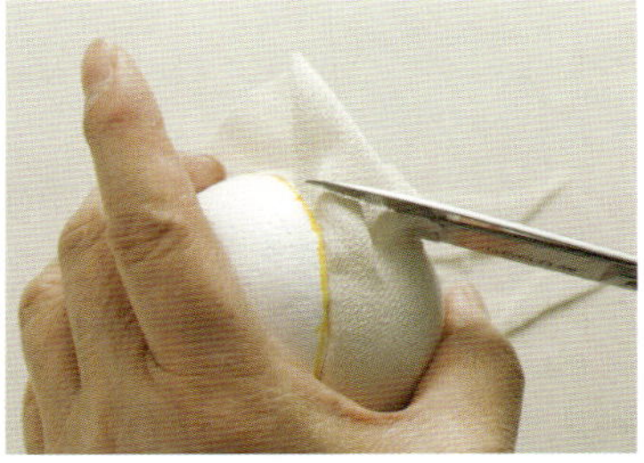

3 尾つけ位置の線から0.5cmののり代をつけて切り揃えます。

4 のり代の切り込みをV字にカットして、のり代の布量を少なくします。

5 尾つけ位置にボンドを塗ります。

6 段差がある穴の内側に布を木目込みます。

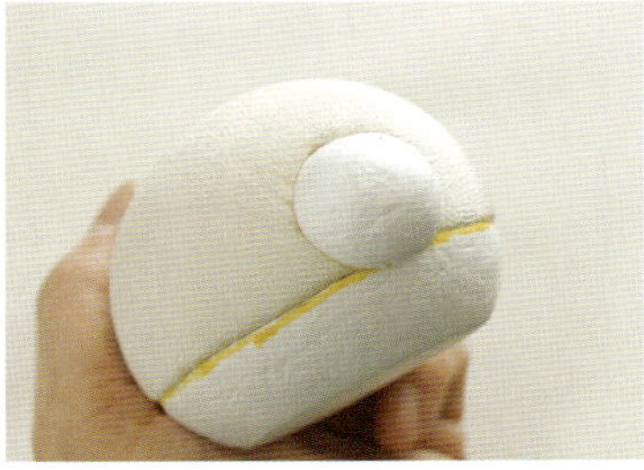

7 尾をはめ込んで確認し、調整します。

3.土台布を木目込む

スポンジをクッションにすると、布を土台に沿わせた自然なカーブで貼ることができます。

1 台の大きさを測り、のり代をつけて大体の大きさに裁ちます。

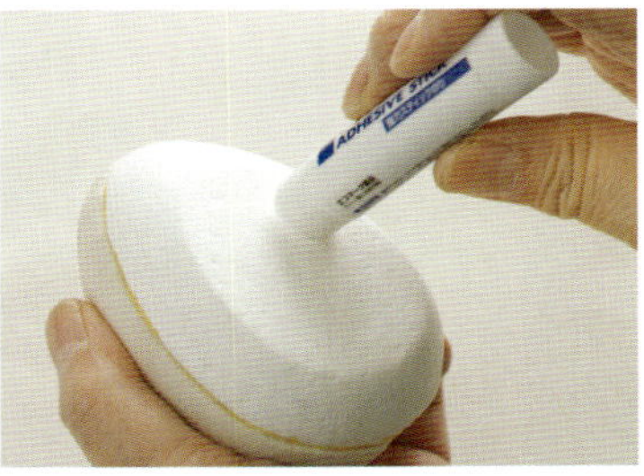

2 台の底全体にのりを塗ります。

3 底に布をかぶせ、上からスポンジを当てて両手で押しながら貼り合わせます。

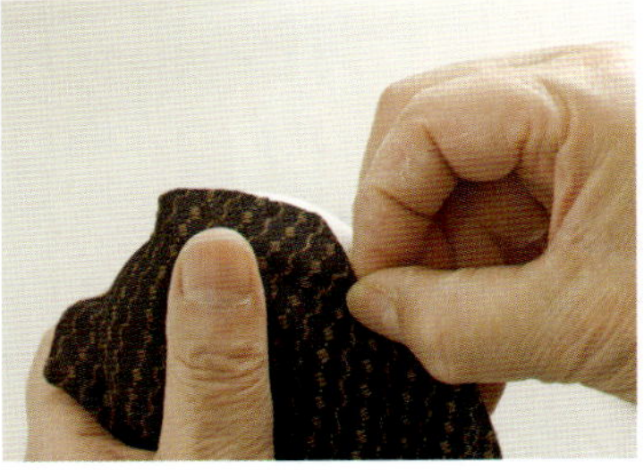

4 のり代をつけて余分な布をカットし、前後左右のポイントを木目込みます。木目込んだ布を一度外します。

5 布の端にへらを当てて軽く浮かします。

6 溝に布を直角に差し込みます。溝の角が潰れずきれいに仕上がります。

7 台の木目込みが終わりました。

尾をつける

1.尾に布を貼る

スポンジを使い、しわのない丸い半円の尾を作りましょう。

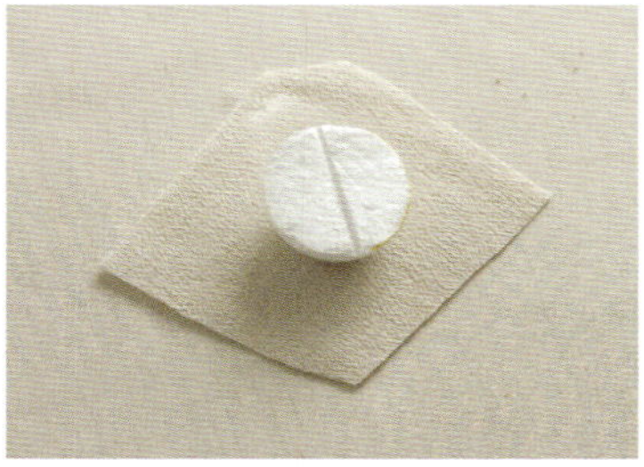

1 白ちりめん6㎝角を用意します。

2 球面にボンドを塗り、指先で伸ばして水分を飛ばします（土台に長い針2本をクロスさせて刺すと安定して、持ちやすく作業がし易くなります）。

3 スポンジに布の裏を上にして布を置き、半乾きの球面を強く押し込みます。

4 スポンジを外すとしわが出来ずにきれいに貼れました。

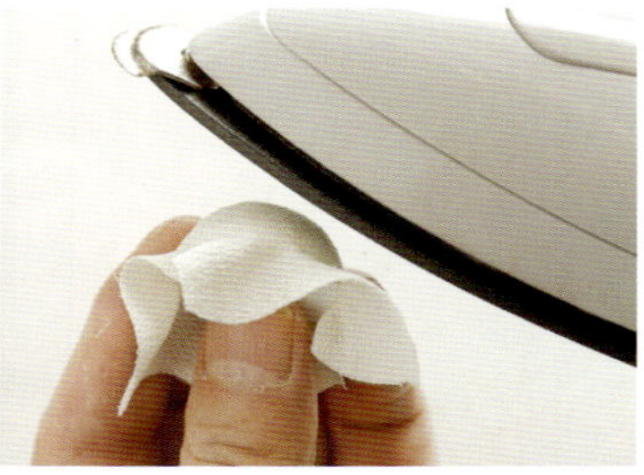

5 球面にアイロンを当てて乾燥させます。

6 のり代を0.5㎝つけて余分の布をカットします。

7 出来たひだを立ててカットし、のり代布を少なくします。

8 土台にボンドを塗ります。

9 のり代を折り、アイロンで角を作りながら貼ります。

10 でき上がり

2.つけ位置に合わせる

1 本体に尾をはめ込み、確認します。

2 尾の底にボンドを塗り、本体に貼ります。

実物大型紙

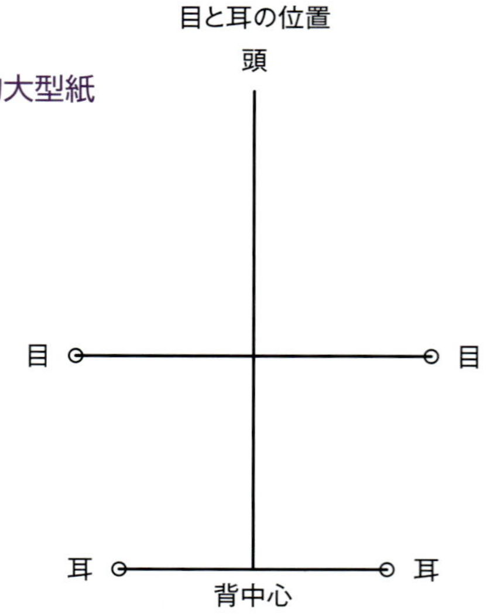

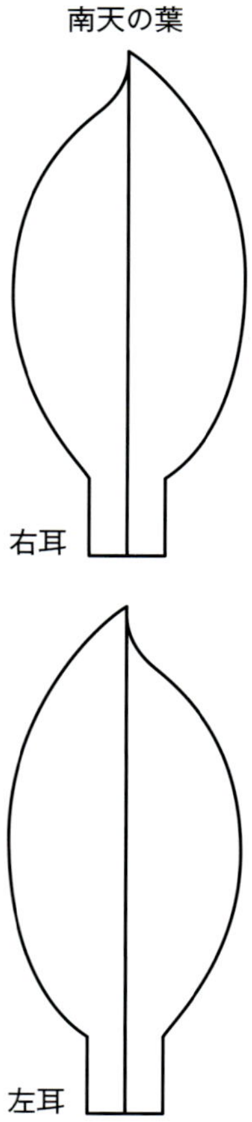

立体押絵で耳を作る

1.型紙を作る　左右の耳を対称にする

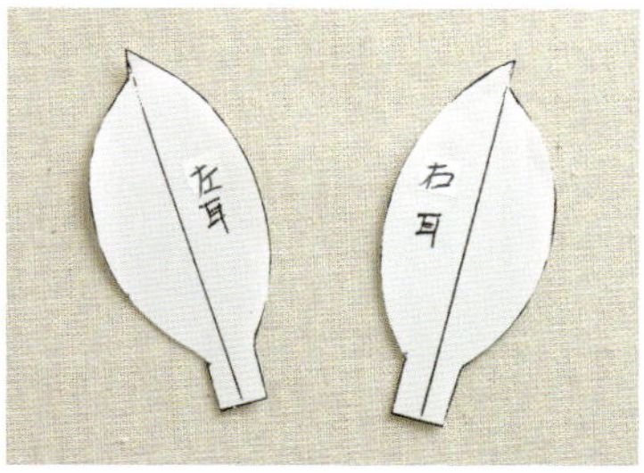

1 耳の型紙を作ります。

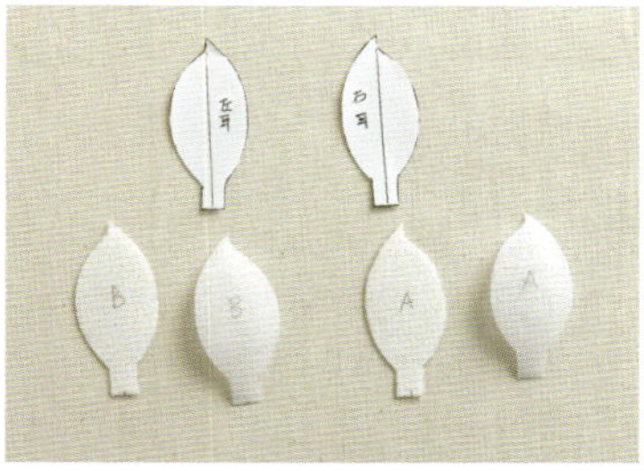

2 表布用接着芯、裏布用厚手接着芯に型紙を写してカットします。接着面に注意します。

2.表と裏を対称に作る

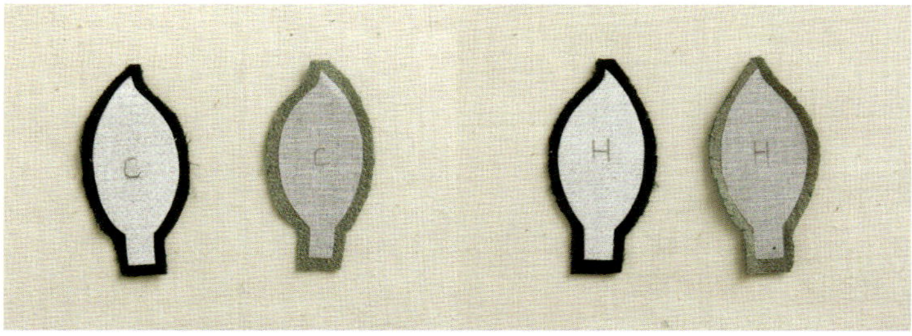

1 表布（明るい緑）と裏布（濃い緑）に接着芯を貼り、のり代0.3㎝をつけて裁ちます。のり代のカーブには切り込みを入れておきます。

3.葉の表裏を貼り合わせる

1 のり代にボンドを塗り、目打ちを使って端まで伸ばします。

2 根元の端からのり代を折り、コテをカーブに添わせて貼ります。回転台を使うと便利です。

3 反対側ののり代を貼ります。

4 貼り終わりました。左右表裏4枚を作ります。

5 左表布と裏布を用意し、裏布の周囲にボンドを塗り端まで伸ばします。

6 表布と裏布を外表にして、ピンセットを使い葉先からピッタリと重ねて合わせます。

7 両端を合せて手で持ち、指先ではさむようにして貼り合わせます。

4.葉の形をつける　南天の葉らしく、コテを使って立体的にします。

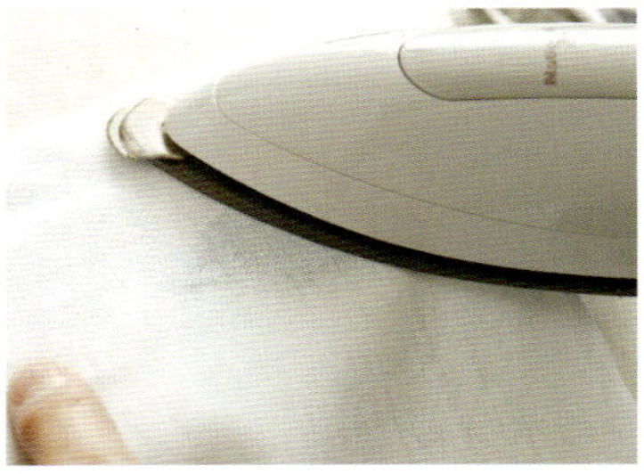

1 葉に当布をして、アイロンをかけます。

2 葉の中心に定規を当て、コテで裏側から葉の半分を立てて折り目をつけます。

3 葉を半分に折り、裏側からアイロンをかけてしっかり折り目をつけます。

4 南天の葉の耳が出来ました。

目と耳をつける

1.耳（南天の葉）をつける

写真ページを参考に表情をつけて、雪うさぎを仕上げます。

1 耳つけ位置に、下の三角形に合わせてYの字に切り込みを入れボンドを塗ります。

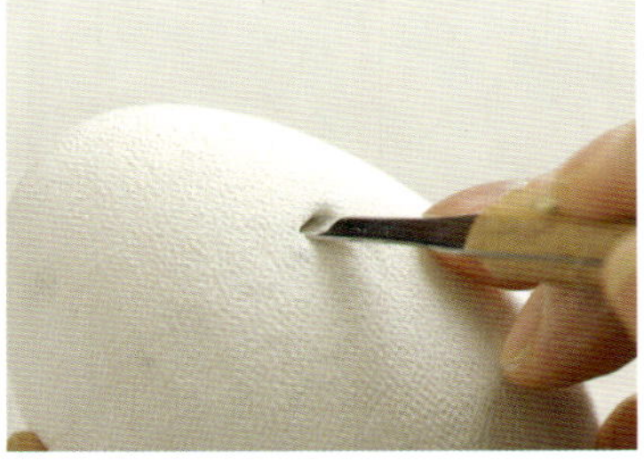

2 前側は斜め深く平刀を差し込み、Yの字の切り込みの前側の布を木目込みます。

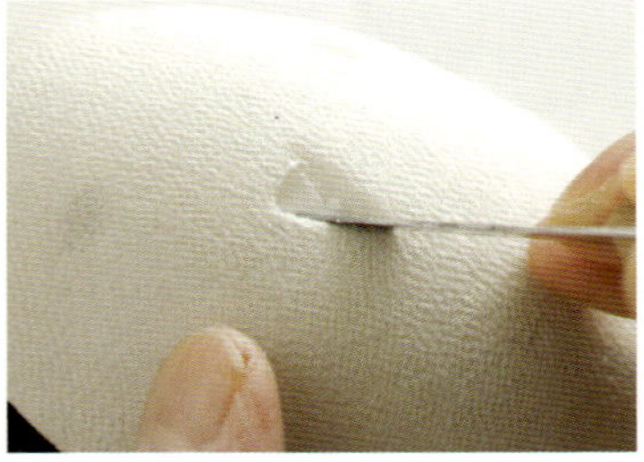

3 残りの二辺も、三角形の穴に合わせて貼ります。

4 耳を深く差し込み、すぐ後ろにへらでくぼみをつけます。

5 くぼみにボンドを塗り、耳を倒します。

6 耳を形よく傾けて指でしっかり押さえます。

7 まち針を打ち、落ち着かせて乾かします。

8 左右の耳がつきました。

2.目をつける

足つきボタンに目打ちを使えば、小さな穴でも正確につけることができます。

1 目つけ位置に十字に切り込みを入れます。

2 左右に切り込みを入れて、少しボンドを入れます。

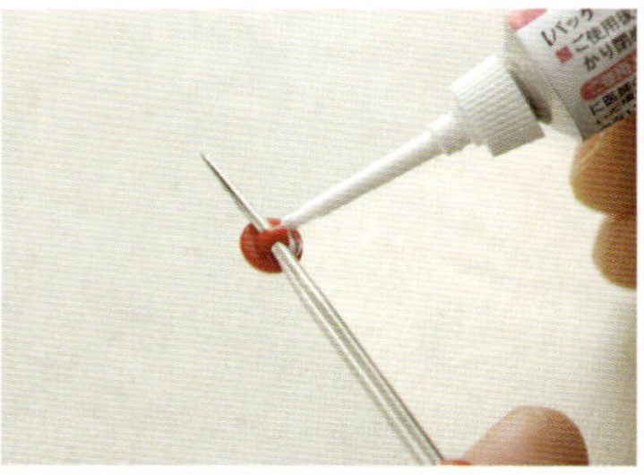

3 ボタンの穴に目打ちを通し、裏にボンドをつけます。

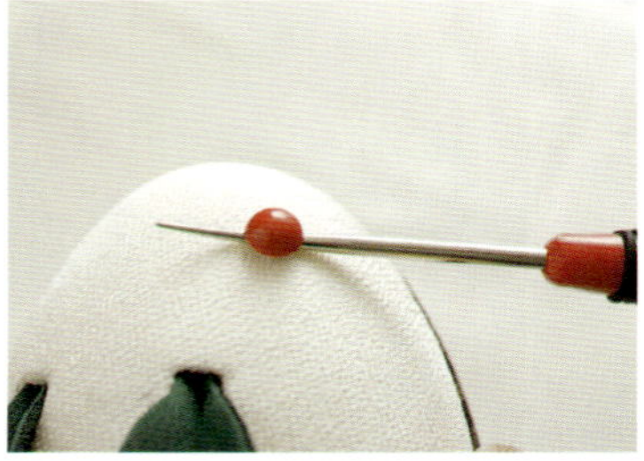

4 そのままボタンの足を穴に入れ、指でボタンを押さえます。

5 そっと目打ちを抜いて、押し込みます。手を汚さず、きれいに目がつきました。

できあがり

木目込みの「ねこ」

ねこの作り方を、木目込みの技法で習います。
解説では時代裂を使っていますので、プロセスにより柄が違います。
でき上がりのねこは、富士登山のルートを絵柄にした
粋な男物の長襦袢を使い、
その柄を活かした布の取り方をしています。
横向きにこちらを見る、愛くるしいねこにチャレンジしましょう。

■ねこの材料

ねこの土台…発泡スチロールのねこ型
ちりめん……柄・無地適宜、毛糸、
袱紗の房など、厚手接着芯、
ちりめん用カラー接着芯

■用具

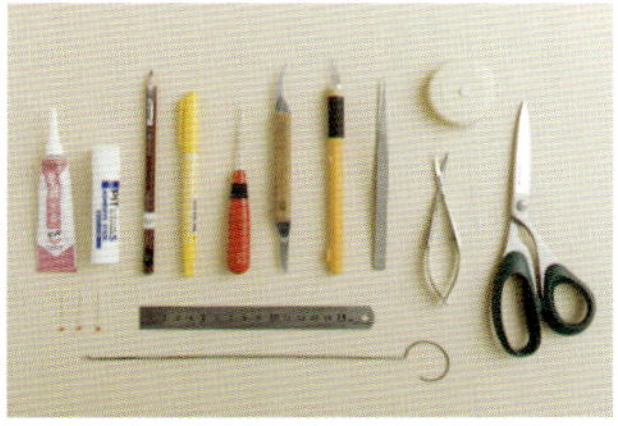

（左から）
ボンド、スティックのり、鉛筆、
黄色のペン、目打ち、
木目込み用へら（モデラ）、カッター、
ピンセット、反りバサミ、メジャー、
裁ちバサミ、まち針、定規、ループ返し

■作り方ポイント

- 透けて伸縮性のある接着芯を使い、土台の立体的な型紙を取ります。
- 背中は一枚布で着物の絵柄を活かし、布目を正確に木目込みます。
- 顔は骨格に合わせて丁寧に、ちりめんの布をいなしながら皺が出ないように木目込みます。
- 黒目が上方にかたよって、左右と下部の三方に白目のある三白眼の、ねこ独特の目の作り方を習います。

本体を作る

1.土台を作る　発砲スチロールのねこ型ボディを用意します。

1 ボディに黄色のペンで、立体の谷に木目込む線を引きます。

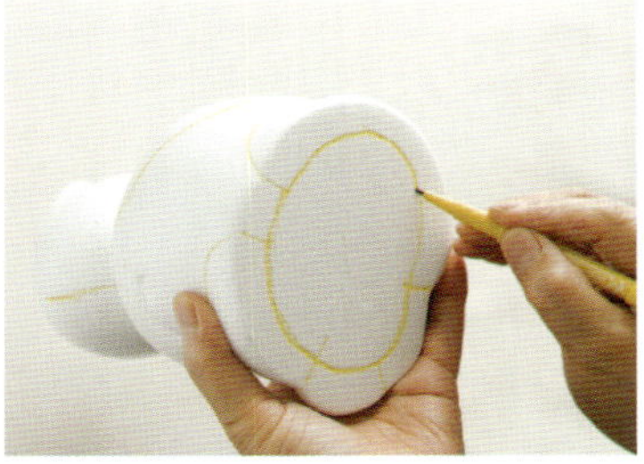

2 底には周囲から同じ幅で内側に線を引きます。

3 引いた線にカッターを直角に当てて、0.3cmほど切り込みを入れます。

2.型紙を取る　本体に沿う様、透けて伸縮性のあるちりめん用カラー接着芯を使います。

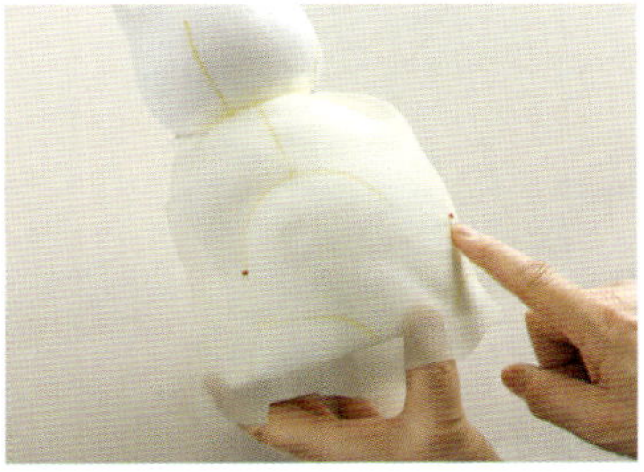

1 ちりめん用カラー接着芯をボディの背中に当て、幅の広いところにまち針を打ちます。接着面（ザラザラした面）を上にします。

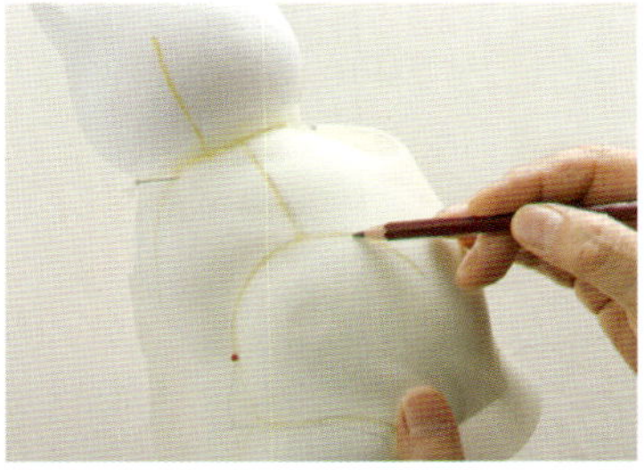

2 だいたいの大きさにカットし、透けて見える黄色のペンの線上を鉛筆でなぞります。

3 ボディから外して鉛筆の線を修正し、のり代をつけて余分をカットします。横ののり代は多めに取ります。

4 再度、ボディに合わせて線がずれていないかを確認し、調節します。

3.柄の取り方

着物の柄から、ねこの背中に合う柄を選びましょう。

1 透けて見えるので、型紙をいろいろな角度に置いて使う部分を決めます。

2 布の裏に型紙の接着面を下にして重ね、余分の布をカットします。

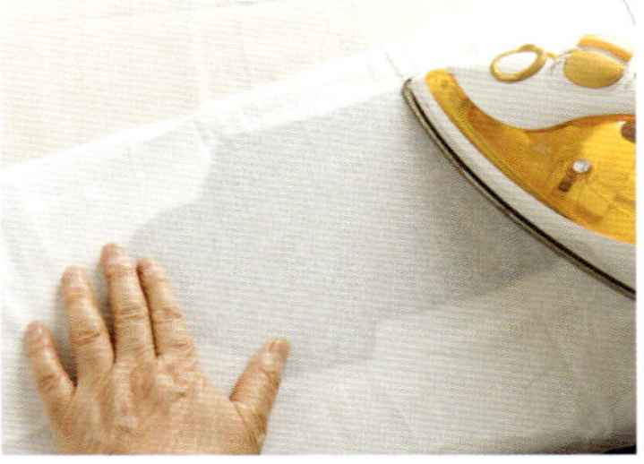

3 **2**の上に当て布をして、スチームアイロンで3秒ほど上から押さえ、しっかり接着させます。斜めに伸ばすと一緒に伸びるのできれいに木目込めます。

4.背中から木目込む

一番面積の広い背中から木目込みます。

1 布をボディの背中に当てて位置を確認します。

2 位置が決まったら、まち針を打ちます。

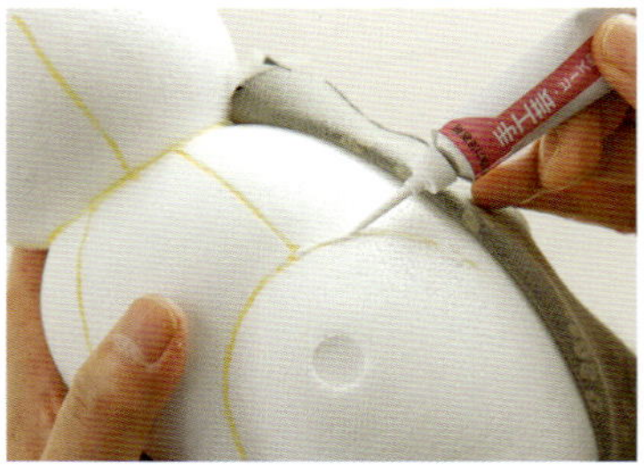

3 片側の布をめくり、後ろ足の付け根の線をもう一度深く切り込み、ボンドを入れます。

4 ボンドをへらで、深くまで押し込みます。

5 めくった布を背中に戻しまち針で止めます。溝を手で触って確認し、へらで布を差し込みます。布の絵柄がずれたり、切れたりしないように注意します。

6 **5**で挟み込んだ線に続いて後ろ足を木目込みます。反対側の後ろ足の布の分量を確認します。

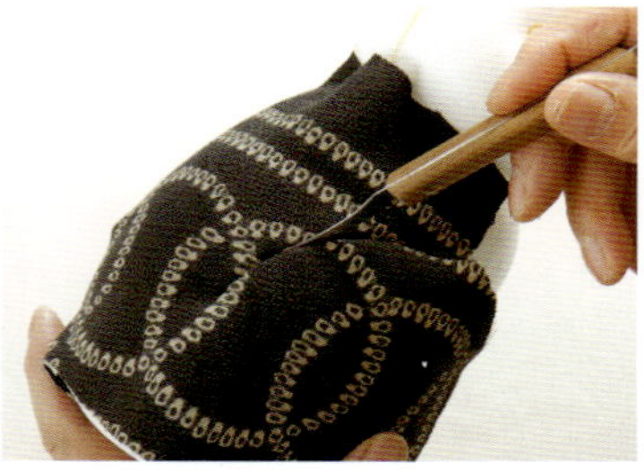

7 反対側も同様に布をめくり、切り込みを入れてボンドを入れます。背中に少々のりを塗り、布を戻して挟み込みます。

8 **7**で挟み込んだ線に続いて後ろ足を木目込みます。背中の布が横にピンと張った感じになると、きれいに仕上がります。

9 肩の線を木目込みます。木目込んだ布を外し、もう一度布の端を浮かせるようにへらで押さえて溝に入れるときれいに仕上がります。

10 反対側の肩の線を木目込み、背中の絵柄がきれいに出ました。

11 足元を木目込み、余分な布をカットします。曲線や細かい部分のカットは反りバサミを使うと良いでしょう。

12 背中下の布は底の溝に木目込みます。

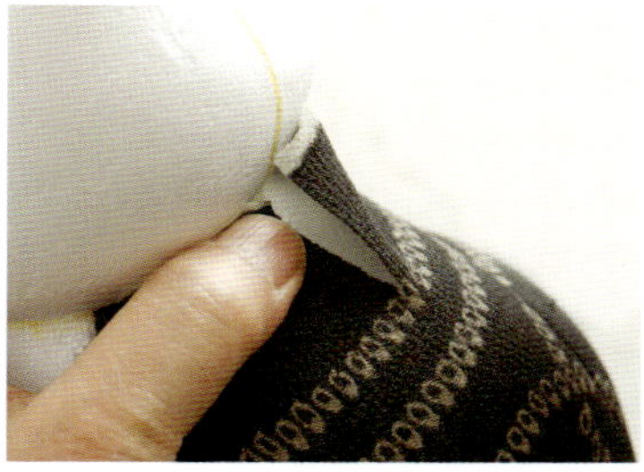

13 首回りのよれた布に切り込みを入れます。

14 背中の溝に余分な布を木目込んでしまい、皺をなくします。

15 丸い背中や全体に皺がなく、絵柄もきれいに出ています。

5.順に木目込んでいく

残りの面を木目込んでいきます（時代裂を使用していますので、ここからは違う布になります）。

1 前側を木目込みます。

2 頭後ろ側を木目込みます。頭後ろ中心に切り込みを入れ、溝によれた余分な布を木目込んでしまい、皺をなくします。

3 耳外側、内側の順に木目込みます。

顔を作る

1.顔を木目込む

皺のない、きれいな顔を作ります。

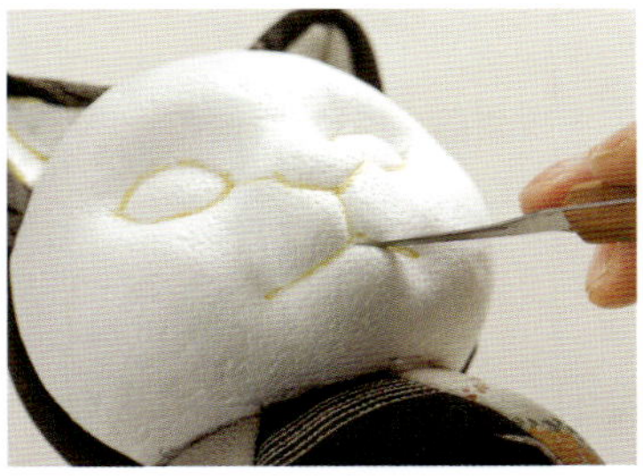

1 顔面の鼻、口の切り込みにへらを差し込んで溝を深くして、挟み込む線を作ります。

2 顔面に布を当てて大きめに裁ちます。挟み込む線にボンドを深く塗り込み、布目を合わせて覆い、鼻の周りを挟み込みます。

3 鼻の位置の布目をピンと張りながら、上と横の布端をまち針で止めます。

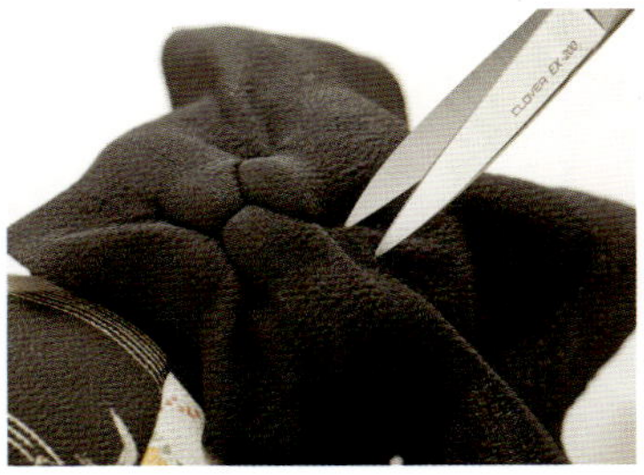

4 目の位置を手で確認し、米の字に切り込みを入れます。

5 目の下側を木目込みます。

6 目の上側を木目込みます。

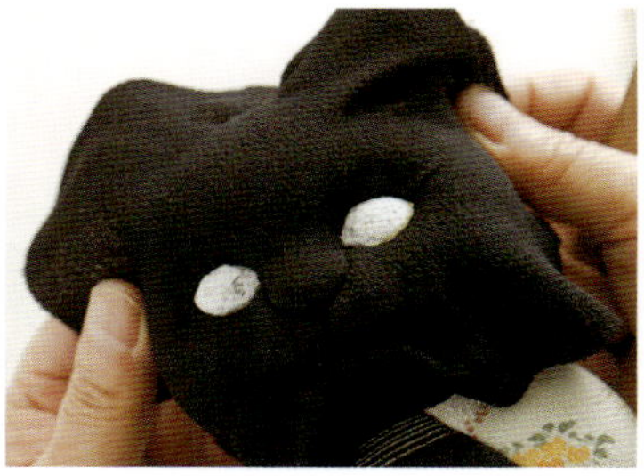

7 目尻に皺を作らないように、目の位置の布を横に引っ張ります。

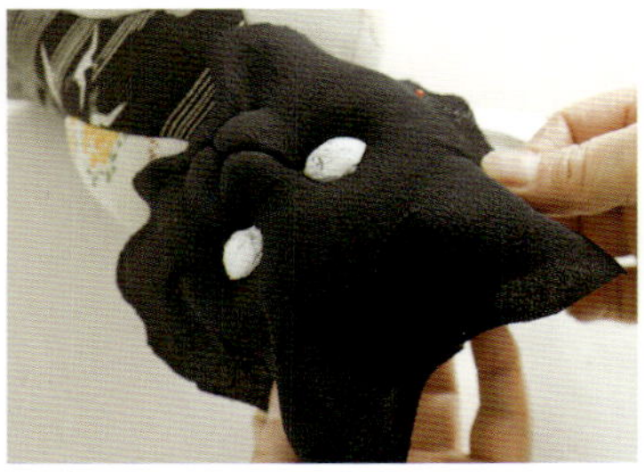

8 目尻の布を少し上に引っ張ります。

9 放射状に布を引っ張りながら、布の端を溝に差し込みます。余った布はいなしながら木目込みます。

10 左のねこは木目込みが終わりました（時代裂を使用していますので、ここからは布が違います）。

2.瞳と輝きを入れる

目を三白眼に作り、野生と可愛らしさを表現します。

1 顔の色に合わせて目の布を選び0.3〜0.5cmののり代をつけて裁ちます。目の土台にのりを塗り、布を貼ります。

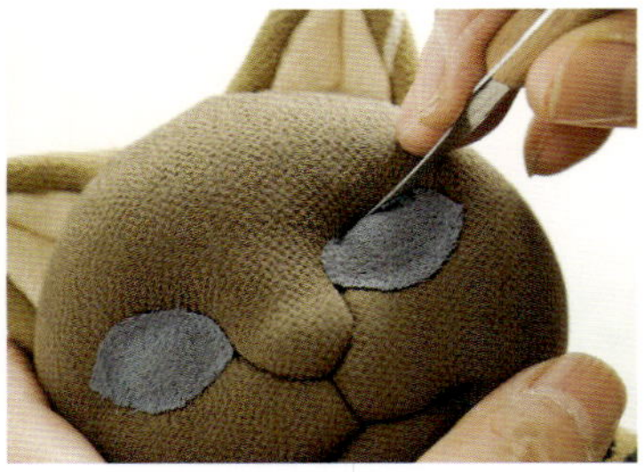

2 上側から木目込みます。

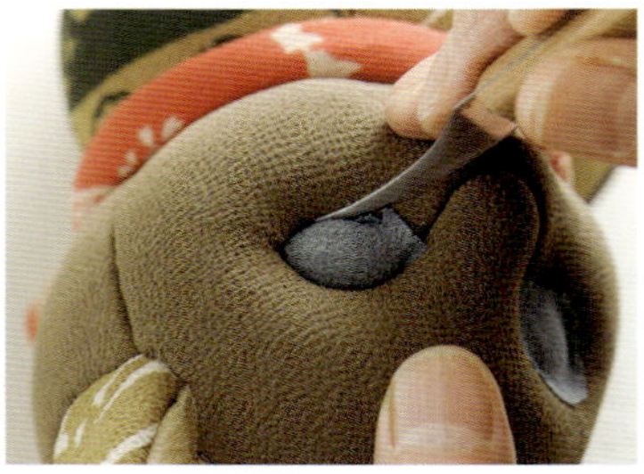

3 下側を木目込み、目が切れ長に見えるように、くっきりさせます。

4 両目がぷっくりとした、可愛らしい丸い目になりました。

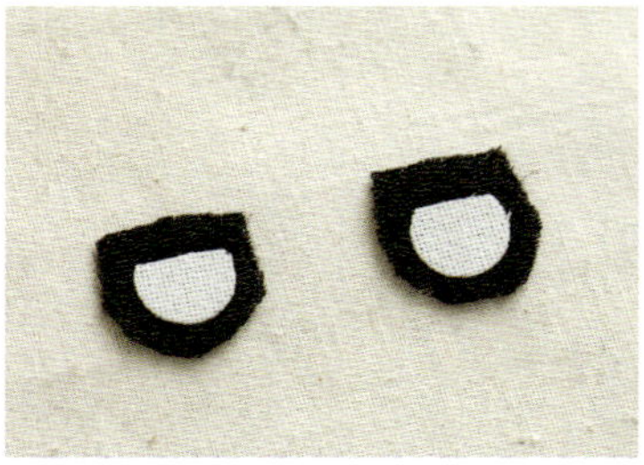

5 瞳を作ります。円の上部をカットした厚手の接着芯に布目を確認して黒ちりめんを貼り、0.3cmののり代をつけて裁ちます。曲線は切り込みを入れ、押絵の技法で貼ります。

6 残りの一辺を目の上側、中心より鼻の近くに差し込んで裏にしっかりボンドを塗ります。

7 目に瞳を貼り、まち針を打って押さえます。

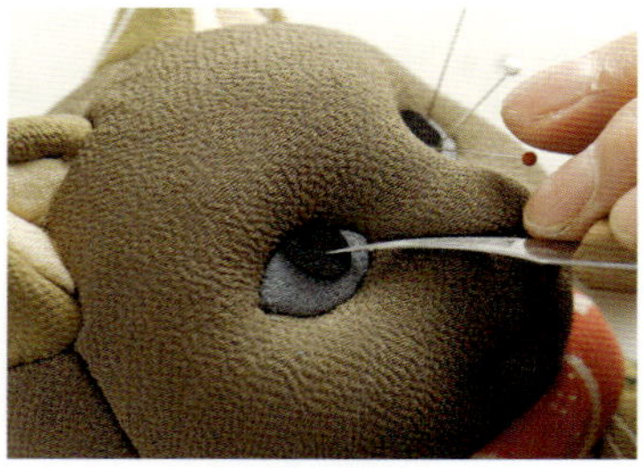

8 もう一方の目も同様に瞳を貼ります。

9 まち針を打ち、しばらく乾くのを待ちます。

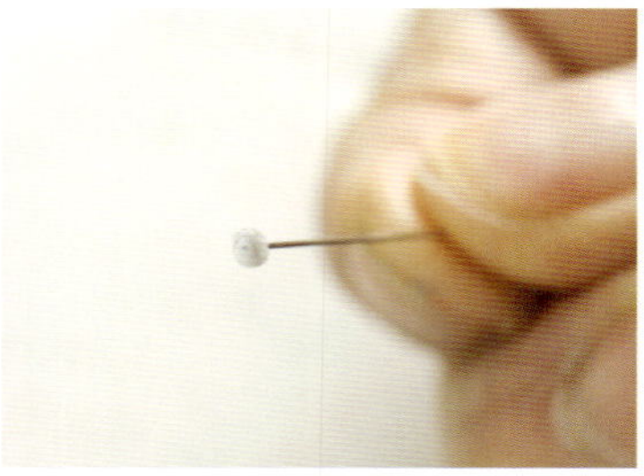

10 白ちりめんに接着芯を貼り、直径0.2cmほどの輝きを切り抜きます。まち針に刺しボンドを塗ります。

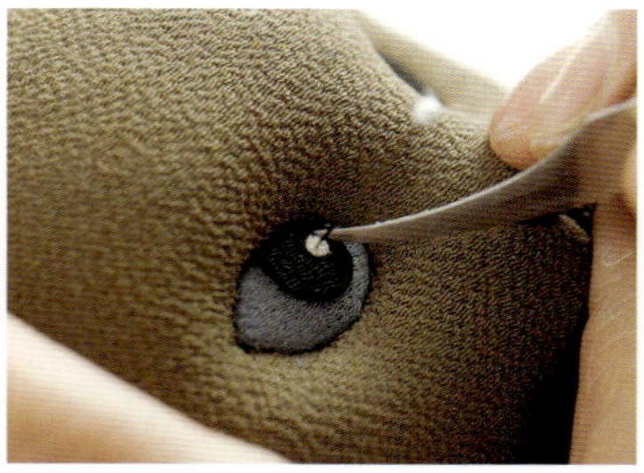

11 そのまま瞳の上に輝きを刺し、ピンセットで押さえてゆっくりまち針を抜きます。

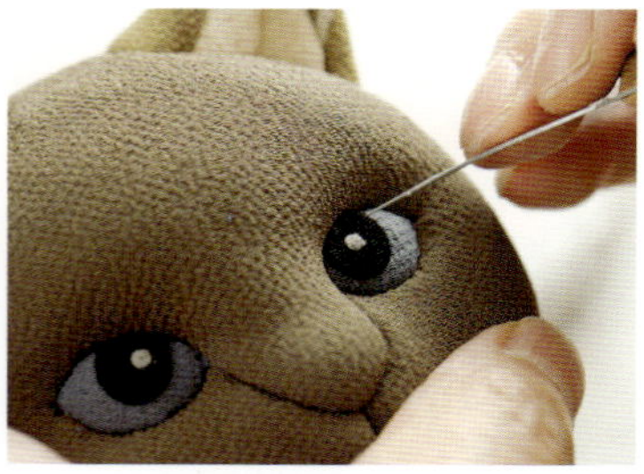

12 両目の瞳に輝きを入れます。輝きの位置でねこの見つめる場所が変わり、愛くるしさを表現します。

3.ひげをつける

ひげは袱紗の房、リリアン、穴糸などをボンドで固めたものか、テグスを使用します。

1 鼻の下に３本のひげの真ん中の穴をあけます。鼻の溝に向かって斜め深くに目打ちを入れます。

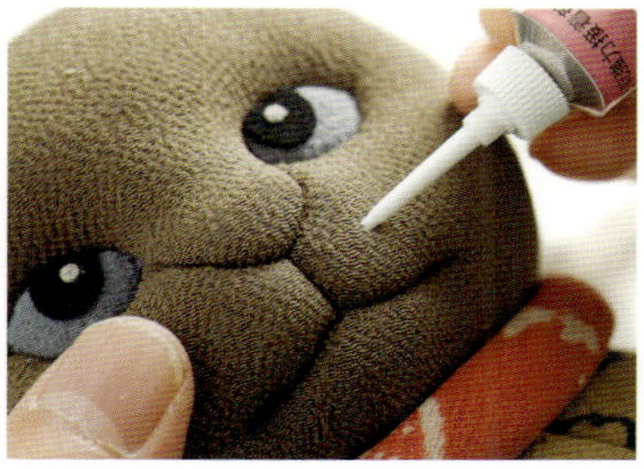

2 ボンドを穴に入れます。

3 長さ５㎝ほどのひげを穴に差し込んで貼ります。

4 ひげを頬に沿わせて横に倒し、端にボンドを塗りまち針で止めます。３本の上下のひげを、**3**より短めで同様に貼ります。

5 ３本のひげは鼻の位置から外に広がるように貼ります。

6 ひげ６本がつきました。乾いたらまち針をゆっくり外します。

首飾りひもの作り方

1 ５×55㎝のちりめんの布を中表に二つに折り、0.5㎝内側を縫い、表に返します。

2 極太毛糸18本を束ねて筒状の布に通し、両端の余分の毛糸を切り揃えます。

3 両端の入れ口をぐし縫いし、縫い代を内側に入れて絞ります。

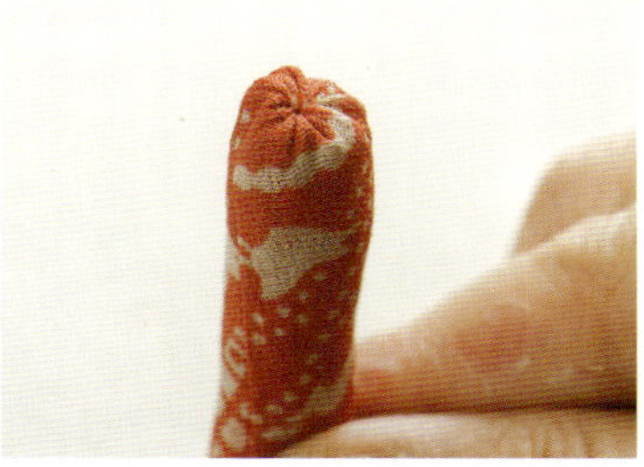

4 もう一度ぐし縫いして絞り、玉止めします。針を中に入れて、糸を引いて切ります。

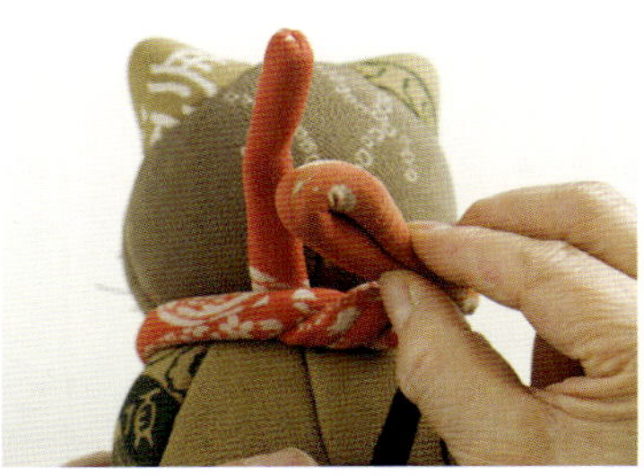

5 首の後ろ側で、飾りひもの長さを違えて一回結びます。

6 長い方を二つに折り、短い方で包む様に結びます。

でき上がり

「羽子板」の布の貼り方

押絵の原点、
押絵が一番使われているのが
江戸羽子板です。
ここでは押絵の背景になる
土台の羽子板を美しく仕上げる
コツを習います。

■作り方ポイント

- 回転台を使うと本体を動かさなくて済むのでズレやブレがなく、作業がスムーズにできます。
- カラー接着芯は布の補強と伸縮性に優れているので、お細工物や押絵に最適です。
- 羽子板には押絵の背景になる布を貼った台紙を貼ります。ボリュームを出すときは、キルト綿の重ねで調整します。
- 和裁用電気ごてやミニアイロンを、こまめにかけて作業し、カーブや角をきちんと決めて処理します。

1.台紙を作る

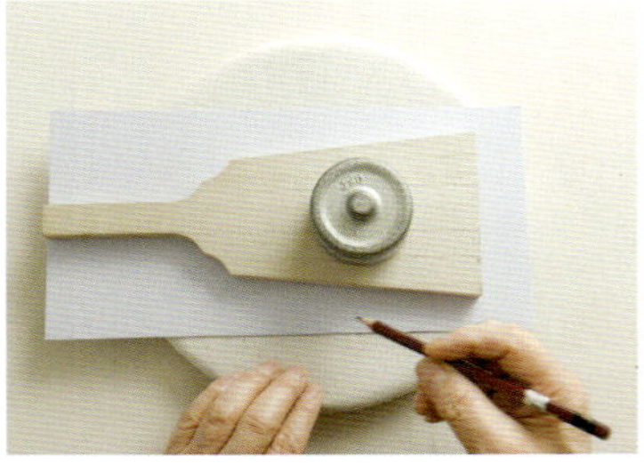

1 回転台の上に厚紙、羽子板の表(表と印しておく)を上にして重ねます。文鎮を置いて安定させ、輪郭を鉛筆でなぞります。

2 厚紙を切り取ってのりを塗り、同じ大きさのキルト綿を上面に貼ります。台紙にボリュームを出す時はキルト綿を重ねて貼ります。

2.布の準備

布目に注意して扱います。

1 トレーシングペーパーに型を写し、ちりめんに当てて切り取る柄を選びます。

2 トレーシングペーパーにのり代1㎝をつけて切り取り、使いたい柄の上にのせて動かないようにします。

3 型紙に合わせて少し大きめに裁ちます。

4 ちりめんの色に合わせて、ちりめん用カラー接着芯を選び、裏に貼ります。

3.台紙の布の貼り方

1 回転台に布の裏を上にして台紙を重ね、のり代1㎝に切り揃えます。上の角にボンド又はのりを塗り、三角に折って貼ってからアイロンを当てます。

2 上、左右の辺にまんべんなくボンドを塗りコテで布を起こして額縁に貼ります。

3 下の曲線ののり代は反りバサミを使い、切り揃えて切り込みを入れておきます。

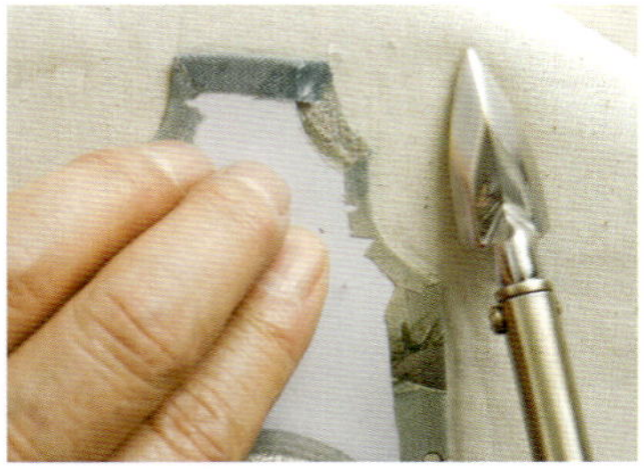

4 曲線の台紙の根元までボンドを塗って伸ばし、コテを曲線に沿わせて動かして貼るときれいにできます。

5 下の角は布の重なりをカットして平にします。

6 台紙が貼り終わりましたら、羽子板にのせて確認します。

4.柄《え》の貼り方

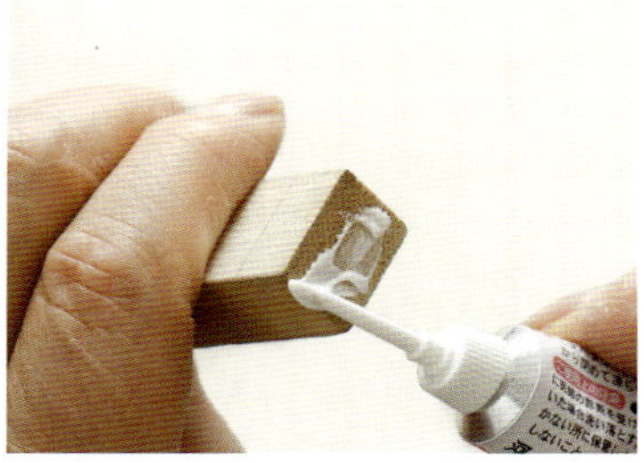

1 柄の先端にボンドを塗ります。

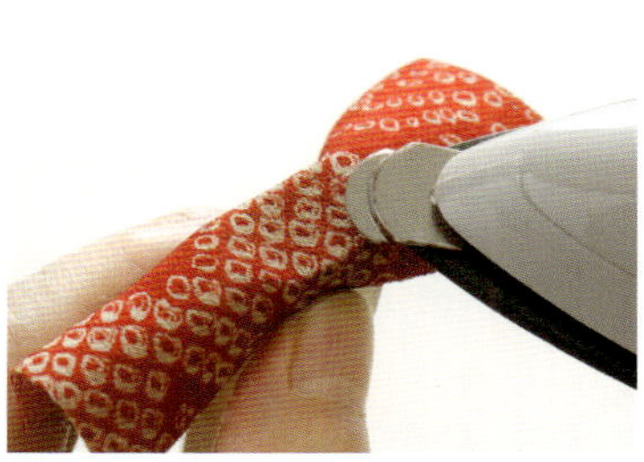

2 おおよその大きさ（10× 6 ㎝）のちりめんの中心を、先端に貼ります。

3 前後左右の面を順番に貼って、余りの布を横で畳んでカットします。

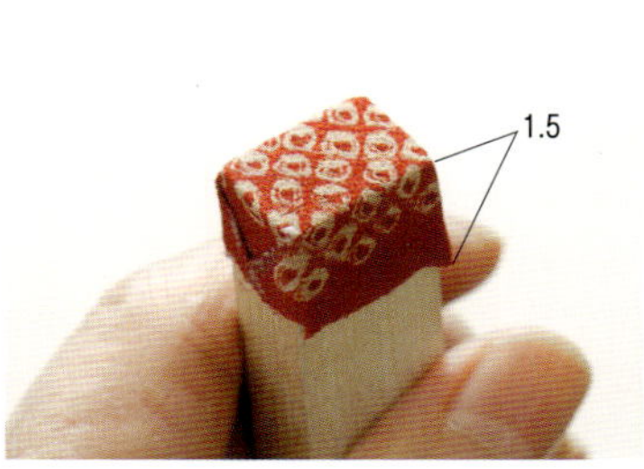

4 柄の先端が貼り終わりました。

5 帯地の長さを決めます。柄の先端 1 ㎝上から、台紙の 1 ㎝上の長さを測ります。

6 帯地の上下を折り、柄に巻いて横の長さを決めます。柄にボンドをしっかり塗り、表面から貼ります。

7 側面はアイロンで布を立ち上げながら貼ります。後ろ面は中心で布端を折りこんで貼ります。

8 帯地の重なりが厚くなる部分は内側ののり代をカットします。下になった布端を少し内側に入れるときれいに仕上がります。

5.羽子板に台紙を貼る

ポイントをきっちり合わせて貼ります。

1 羽子板に端までしっかりボンドを塗ります。

2 台紙の角にもボンドを塗り、羽子板の表面に上端を合わせてのせます。

3 角や曲線部分を手で押さえてピッタリ合わせ、最後に上から手のひらで押さえます。

6.仕上げ方

クリップの痕がつかないように、厚紙を当てて使います。

1 羽子板の上の辺に折り目をつけた厚紙を巻き、大きめのクリップで挟みます。

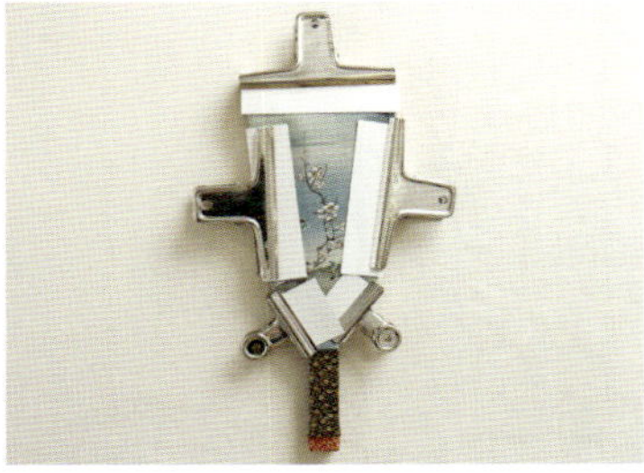

2 台紙の周りを同じ様にクリップで挟み、しばらく（半日適度）乾くのを待ちます。

3 クリップを外し、スチームアイロンを当てて皺を伸ばし、ふっくらさせます。

4 でき上がり。作品の様に細かい押絵をのせる時は、押絵の端を一緒に挟み込んで貼ります。

「貼りまり」のポイント

ここでは好みの絵柄のちりめんの中から、大きな柄を
そのまま活かして貼る方法と、
難しい球面の型紙の取り方を習います。
土台は発砲スチロールの玉を使います。

■作り方ポイント

- 発泡スチロールの玉を芯にして青梅綿で包み、しつけ糸などで固く巻いて、球体を整えていきます。
- 途中で何回も手で押さえてころがしながら、まりの形を整えます。
- 下地として土台に貼る布は、伸縮性のある接着芯を使います。糸を巻いてたて 4 分割したら、接着芯を当てて三角形の形を写し、少し大きめに 8 枚を切ります。

1.土台の仕上げ

1 たて 4 分割に糸を巻きます。少し大きめの接着芯を 8 枚用意します。

2 貼る面に接着芯を置き、真ん中からアイロンを当てます。放射状に広げながら貼ります。

3 分割線に合わせて余分をカットします。

4 同様に 8 面を貼り、北極と南極にまち針を打っておきます。

2.柄をつなげて貼る場合

1 まりを絵柄のちりめんでくるんで柄の出方を確認し、北極点（中心点）を決めます。

2 北極から南極までの長さの½の半径の円を描きます。少し大きめに裁ちます。

3 布の裏に両面接着芯を貼り、正確な円を引き直して裁ちます（時代裂を使用していますので、ここからは布が違います）。

4 絵柄を確認し、中心点を通る十字の線を引いて、¼に裁ちます。

5 両面接着芯の剥離紙をはがします。

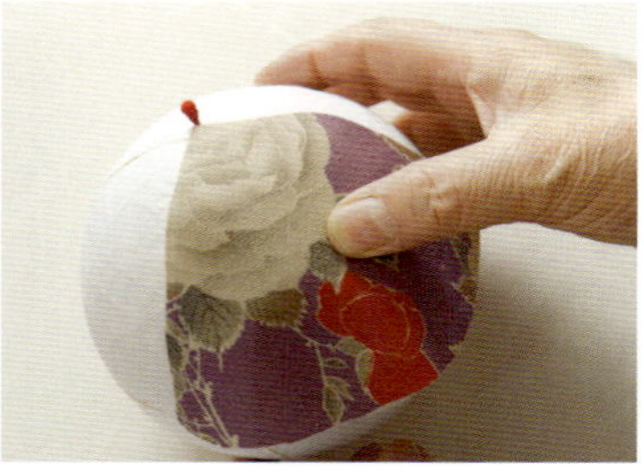

6 まりの北極と布の中心点を合わせ、球面に当てて押さえます。

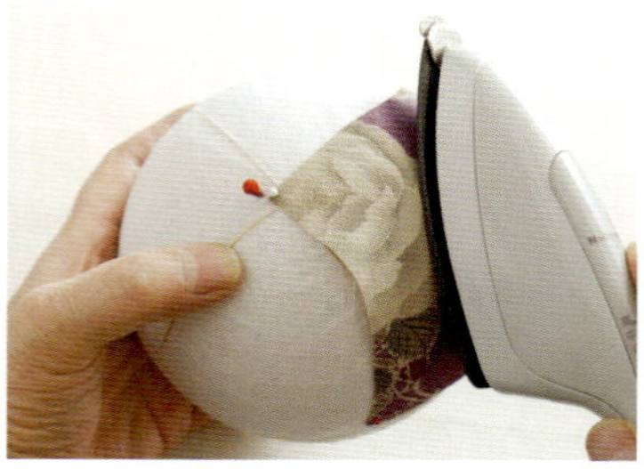

7 真ん中からアイロンを当て、放射状に広げながら接着させます。

8 分割線にメジャーを合わせてまち針で止め、鉛筆で布の上に分割線を引きます。

9 分割線をカットします。

10 同様に順に隣の面を貼ります。突き合わせた所はしっかり貼り、柄が続く様にします。

11 南極点を中心にして同様に貼り、8面が貼り終わりました。北極点、南極点では柄がつながります。

3.金糸の貼り方

金糸はリリアンを両手で左右に引っぱって細くし、好みの太さに作ります。

1 布を突き合わせた線の上にボンドを塗り、金糸を引き気味にのせます。

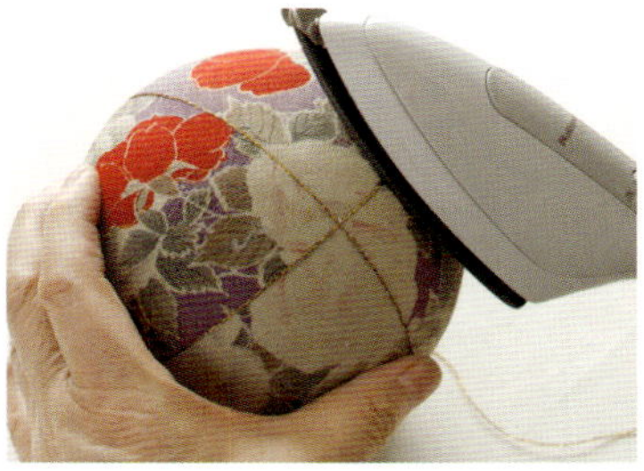

2 軽くアイロンを当てて貼ります。

〈強調する場合は〉

強調したい時には金糸を並べて、幅広く貼ります。

〈8分割する場合は〉

たて4分割線の中間に等間隔に糸を貼ると、たて8分割になります。

4.たて4分割を貼る場合

1 まりにちりめん用カラー接着芯の接着面(ザラザラした面)を上にして当て、まち針で止めます。

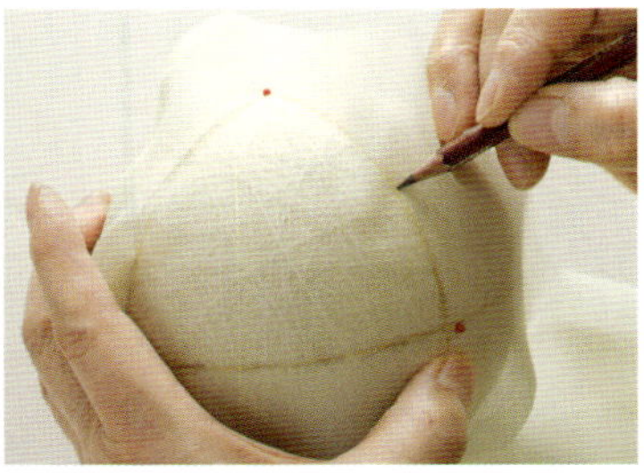

2 透ける分割線の上を、鉛筆でなぞります。

3 線に合わせて裁ち、型紙にします。型紙の北極、南極を矢印で印しておきます。

4 ちりめんの上に型紙を置き、柄を選びます。

5 ちりめんの裏に型紙の接着面を合わせて、アイロンで接着します。少し大きめに布を裁ちます。

6 布の裏に両面接着芯を貼り、布の大きさにカットします。

7 両面接着芯の剥離紙をはがし、球面に順番に貼ります。布を突き合わせた線の上にボンドを塗り、金糸を引き気味に貼ります。

「木目込みまり」のポイント

美しい桜の木目込みまりの作り方のポイントを解説します。
花びらは型紙を使い、
細かい花びらを早くきれいに木目込むこつと、
花芯の作り方を習いましょう。

■作り方ポイント

- 球体に図案を写す場合は、加工上できた継ぎ目の線や穴を北極、南極、赤道に利用して作ります。
- ちりめんには同色のちりめん用カラー接着芯を貼っておきます。
- 花びらはボンドを使わずに木目込みますが、布目の縦横を正確にとります。

1.図案を描き、木目込み線を作る

1 発砲スチロールの玉を使い、図案を描きます（ここでは図案のついたものを使用します）。

2 図案に合わせてカッターで切り込みを入れ、さらにへらでなぞって溝を作ります。

2.布を裁つ

1 ちりめんを用意し、花びらの型紙を置き、大体の大きさに60枚を裁ちます。小さい型紙の場合は四角形に裁ちます。

2 ちりめんの上に型紙をのせ、のり代0.3cmをつけて裁ちます。

3.木目込み方

〈花びら〉

1 花びらの布を木目込むまりの図案に合わせて指で押さえます。

2 花びらの布の先端のくぼみに、切り込みを入れます。

3 くぼみの１辺を木目込みます。

4 布をピンと張り、花芯の近くの２辺を木目込みます。

5 残りの２辺を木目込み、花びら１枚が出来ました。

6 隣の花びらを順番に木目込み、12個の花を作ります。（ここでは最後の花を説明し、花芯を入れて解りやすくしています。）

〈菱形〉

1 花びらと同様に大体の大きさの四角形（緑のちりめん）の布60枚を用意します。まりの図案に合わせて指で押さえて菱形に反りバサミでカットします。

2 花びらのカーブに合わせて菱形を木目込みます。

3 花びらの周りに菱形５枚が木目込みされました。

〈三角〉

1 花びらと同様に大体の大きさの三角形（紫のちりめん）の布60枚を用意します。まりの図案に合わせて指で押えて、角をカットします。

2 花びら先端のくぼみに木目込みます。紫がポイントになって花びらが引きしまります。

4.花芯の作り方

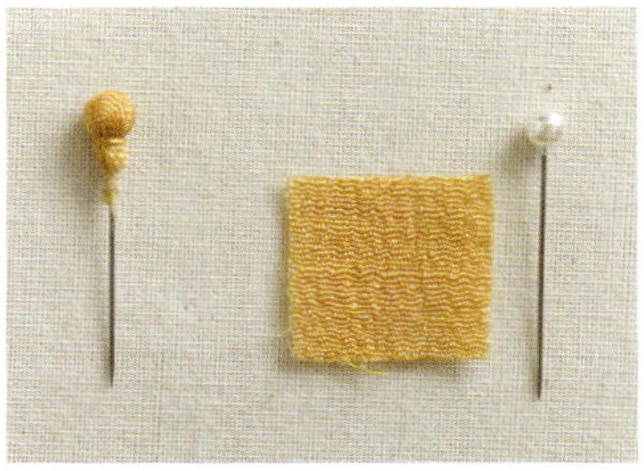

1 頭に玉がついているまち針を12本、黄色のちりめん（２×２cm）を12枚用意します。

2 まち針の頭に布をかぶせます。

3 絹糸を通したぬい針を頭の根元に刺します。

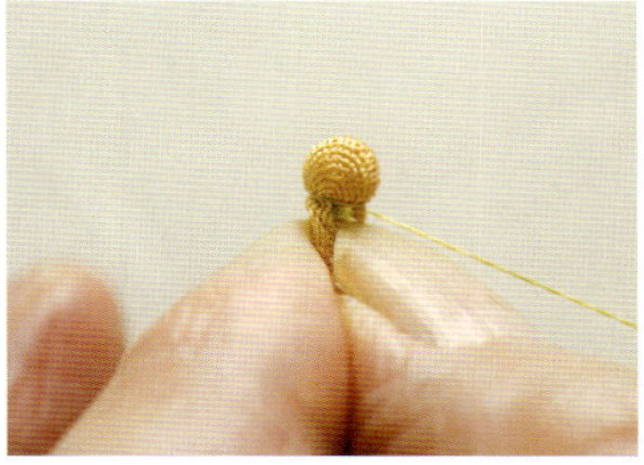

4 根元を糸で２～３回、きつく巻きます。

5 玉止めして糸を切ります。

6 下側の余分なフレアの布をカットします。

7 根元にボンドを塗ります。

8 指で根元を回して貼りつけ、細くします。花芯を12個作ります。

5.花芯のつけ方

1 花びらの中心に目打ちを深く入れて穴をあけます。

2 花芯の針にボンドを塗り、穴に差し込みます。

3 でき上がり。

縮緬《ちりめん》の美しさを活かす

景色のあるちりめん

景色や風景を染めた縮緬は羽子板や押絵の作品などの背景としてそのまま使うことが出来ます。また霞の暈《ぼかし》しなども小さなパーツの表情を出すのに必要な部分です。小さくなっても大切にして使っていくと、作品に奥行きが出ます。

華やかなちりめん

刺繍が施された端切れは作品の豪華さを出す上で欠かせません。ただ、小さな柄のものは比較的少ないので、部分的には自分で少し刺し加えるとより効果的です。作品に出る部分を考えながらデザインしていくことが、見栄えの良さにつながります。

ちりめんは、「縮緬」の字のごとく、表面に縮みによる細かい凹凸(しぼ)のある絹織物です。
経《たて》糸《いと》にはほとんど撚りのない生糸、緯《よこ》糸《いと》には強い撚りをかけた生糸で平織りし、
精錬すると布が縮み、布面に小さな波状の凹凸がでます。
このしぼによって絹織物独特の美しい陰影と、お細工物に最適な伸縮性が生まれます。
江戸時代に友禅染の技法が発達すると、多彩で美しい紋様を描き出すことができるようになり、
花鳥風月の柄やその組み合わせで四季を華やかに表現し、女性たちを魅了しました。

粋でモダンなちりめん

色々な種類のデザインのちりめんですが、これはすべてアンティークの帯揚げです。着物姿の中でもほんの少ししか出ない帯揚げですが、とてもお洒落でその時代の流行を教えてくれます。端切れを探すときには帯揚げなどもよく見てください。

名脇役の江戸小紋

江戸小紋調のちりめんは小さな作品を作るときに便利です。又、動物や、生物などの皮膚感や毛並みなどに見立てて使うと驚くほどの効果が出ます。「見立て」は作品のオリジナリティーを高めてくれるものなので、色々と挑戦してみてください。

艶やかな色彩のちりめん

華やかな色味のちりめんはつり飾りの香袋やお花を作るときに便利です。もともとは子供の着物や長襦袢などだったもの。色も柄も見ているだけで楽しいです。色味ごとに分けて収納すると楽しく使えます。

暈《ぼか》しのちりめん

色々な暈しの生地はすべてのお細工物の重要なポイント。立体的な演出と柔らかい雰囲気を作り出すことができます。特に花のモチーフを作る場合には必要になります。

明度差の大きい柄のちりめん

色々な作品を作る上でちりめんの色度柄は色々なイメージをインスパイアしてくれます。直接作品作りには役立たなくても、持っているだけで楽しいちりめんがいっぱいあります。先人の素晴らしい色彩感覚やデザインを見て感動しましょう。

鯉のぼり ◎4、5ページの作品

■ **材　料**

ちりめん…赤無地30×10㎝、赤鹿の子15×10㎝、薄緑無地・白無地、黒無地各適宜、化繊綿・接着芯・金糸・ちりめん用カラー接着芯各適宜

■ **作り方**

1　尾びれ2枚に接着芯を貼り、中表に縫う。表に返して刺しゅうをする。

2　胸びれ、背びれを同様に作る。

3　胴と頭を中表にして胸びれをはさんで縫う。

4　3 2枚を中表に合わせて背びれ、尾びれをはさんで縫う。

5　腹に接着芯を貼り、4と中表に合わせて縫う。

6　表に返して綿をつめ、口を入れて塞ぐ。

7　口枠を縫う。

〈尾びれ〉

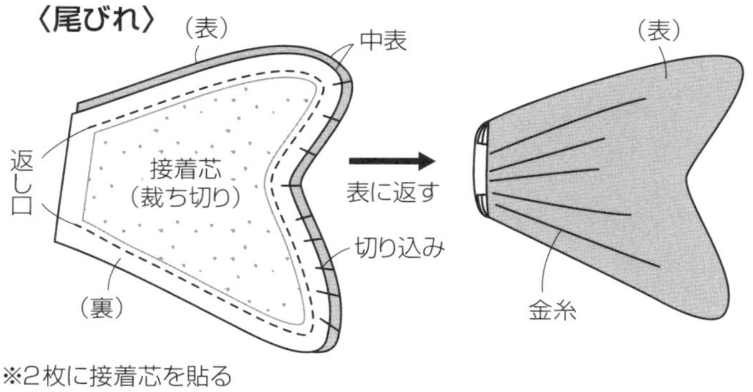

※2枚に接着芯を貼る

〈胸びれ〉

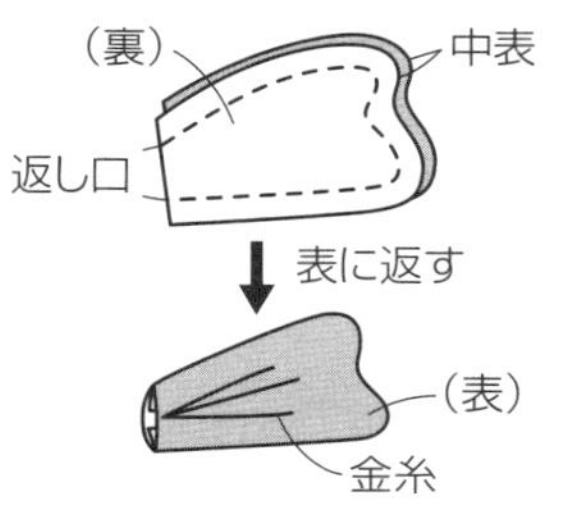

※背びれを同様に作る

〈胴〉

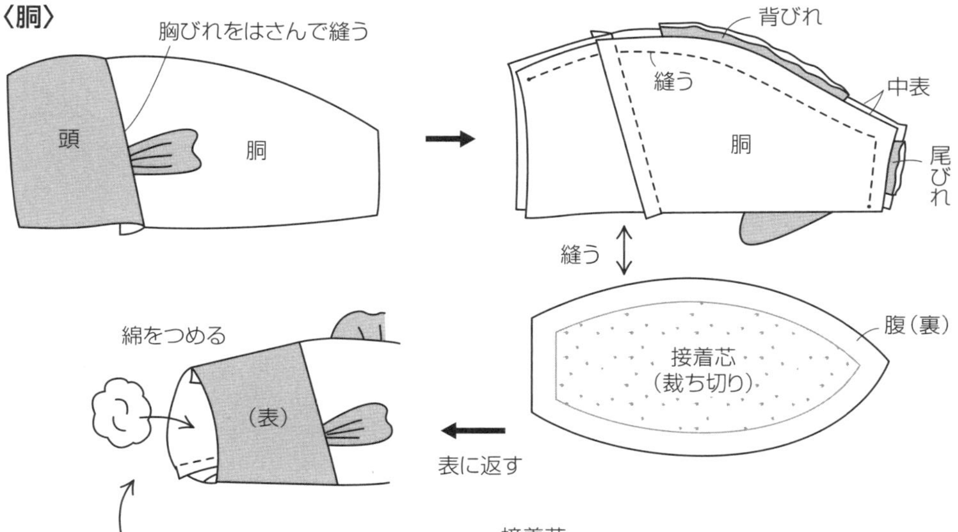

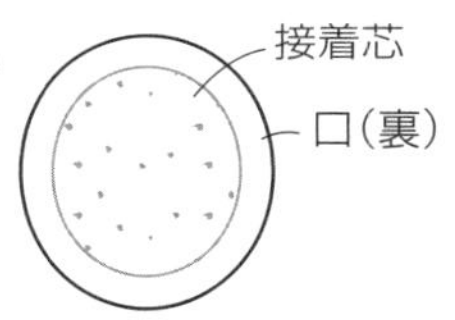

〈口枠〉

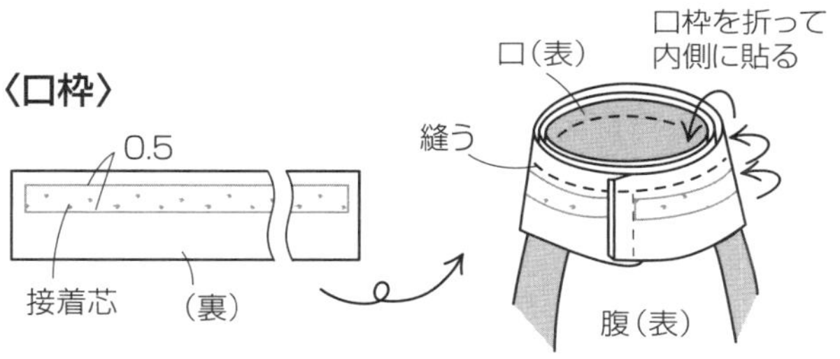

でき上がり図

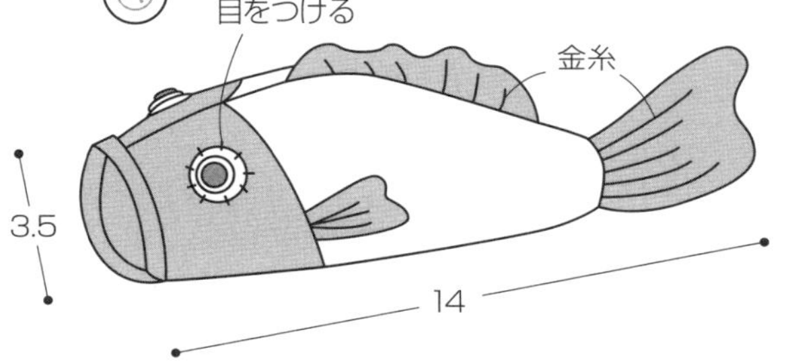

実物大型紙 ※縫い代0.5㎝つけて裁つ

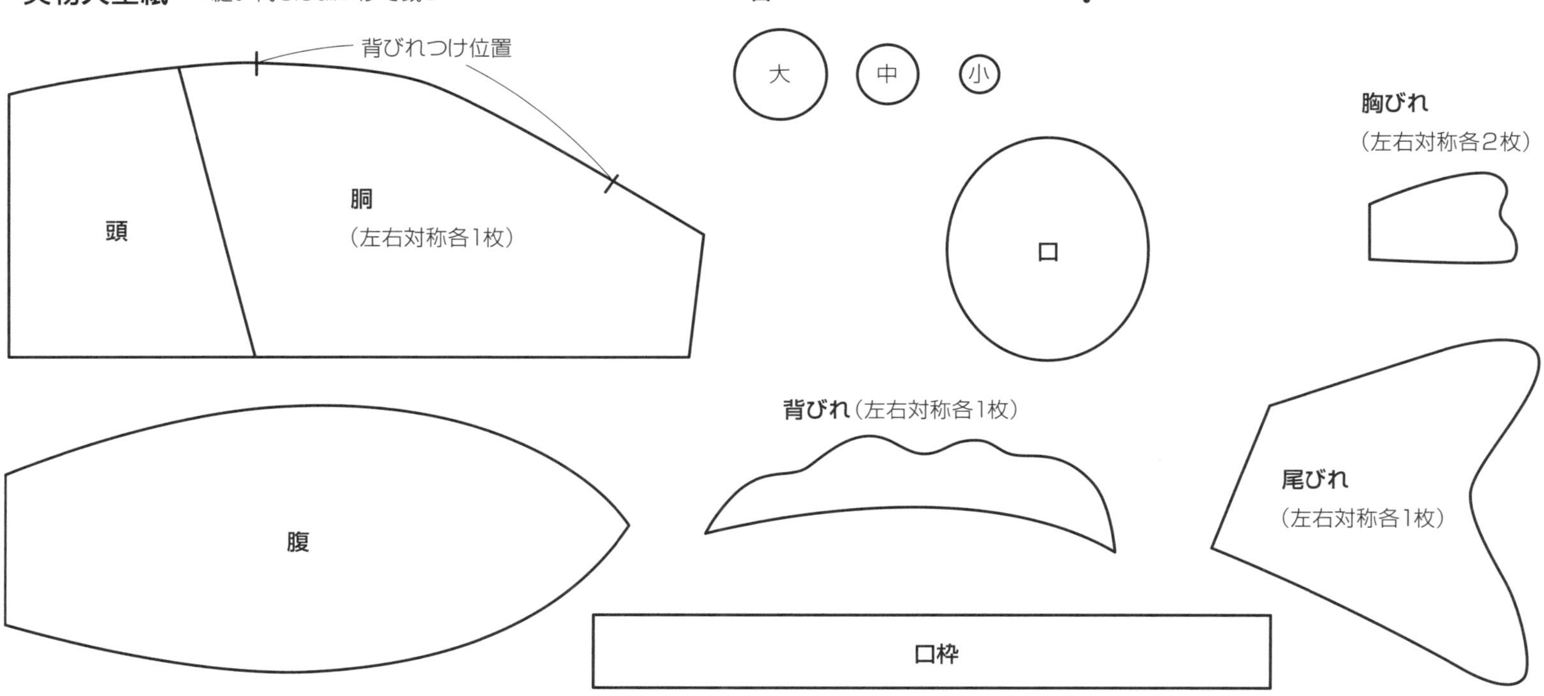

あやめの花袋 ◎4、5ページの作品

■材　料

ちりめん…紫無地20×15㎝、黄色無地15×10㎝、緑無地15×15㎝、ひも60㎝、針金・化繊綿・ちりめん用カラー接着芯各適宜

■作り方

1 花弁大表布と裏布を中表に合わせて返し口を残して周囲を縫う。
2 表に返して、針金を入れて周囲に添わせる。
3 花弁小、葉も同様に作る。
4 花芯6枚を縫いつなぎ袋状にする。
5 花芯の周りに花弁と葉をつけて縫う。
6 口べりを縫う。
7 ひもを通し、房飾りをつける。
8 綿をつめ、花弁小の先端を合わせて縫い止める。

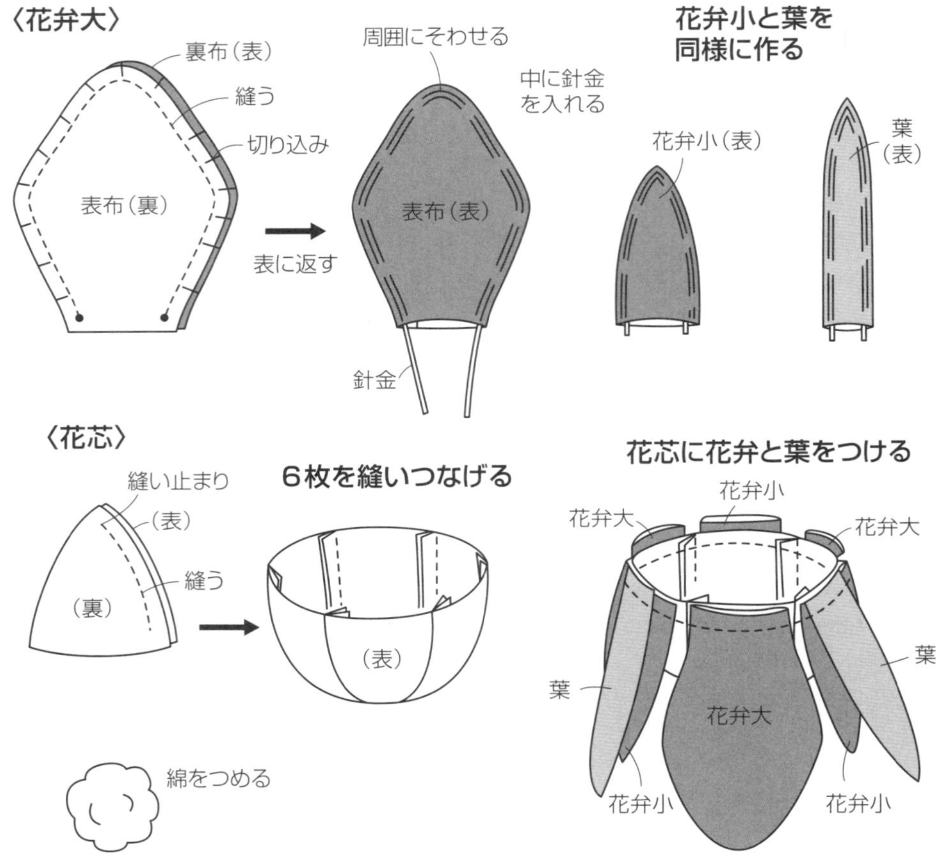

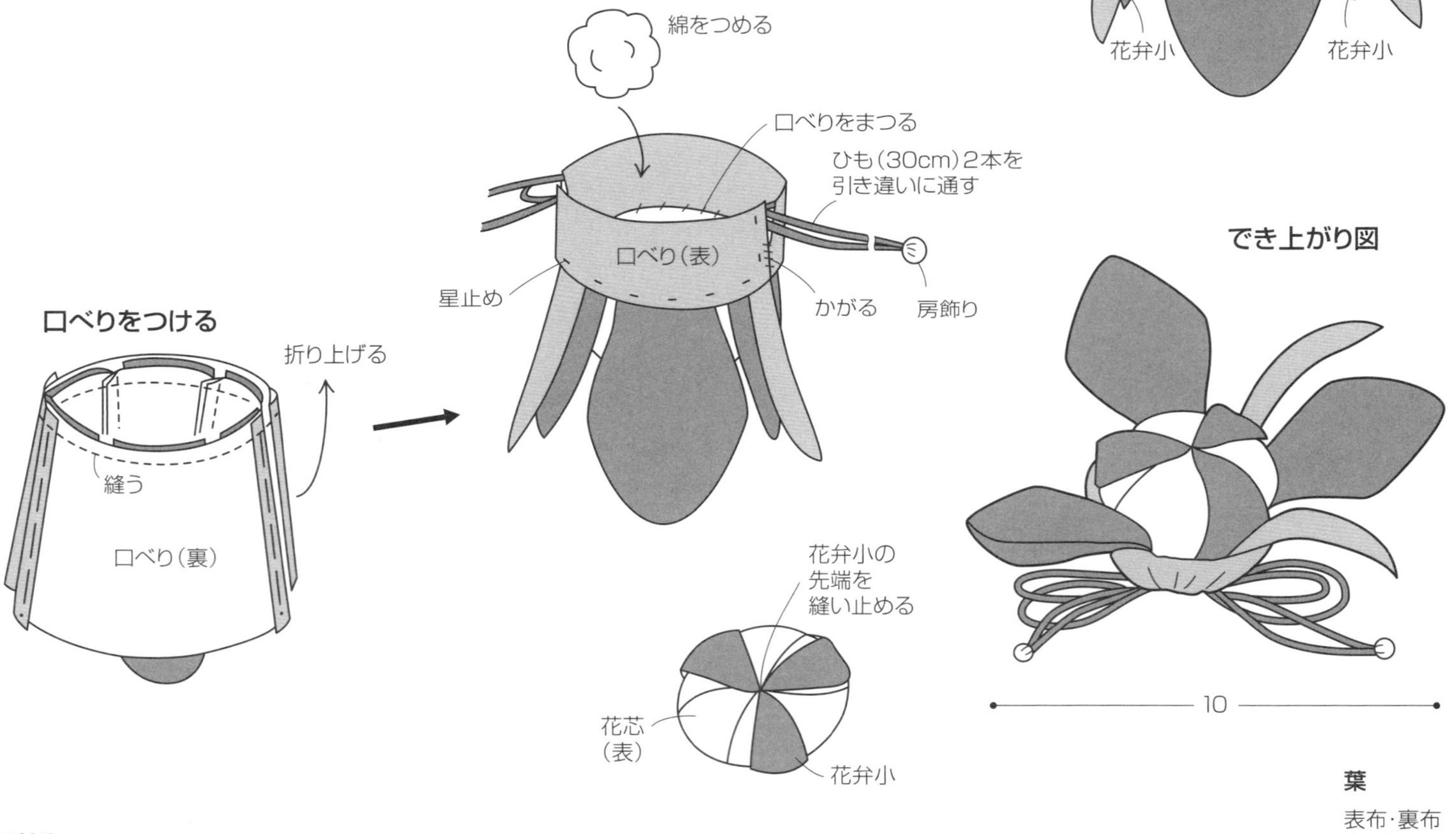

実物大型紙 ※指定以外縫い代0.5㎝つけて裁つ

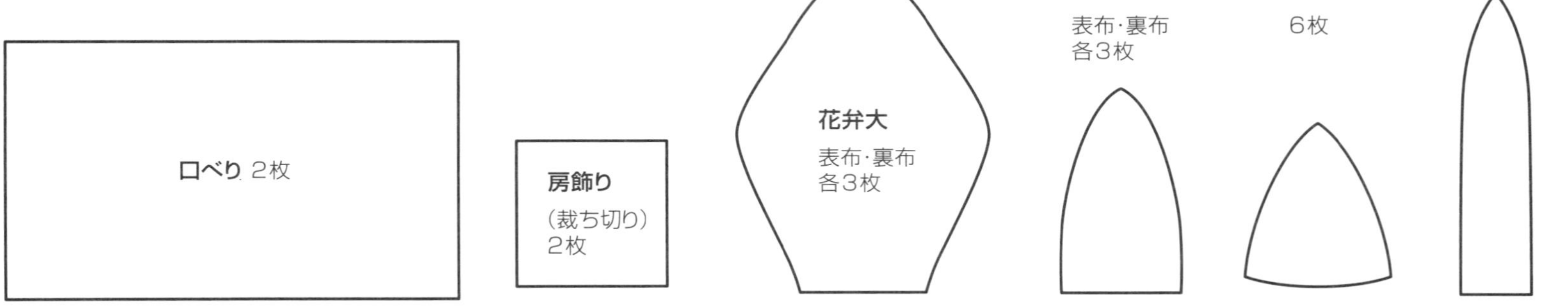

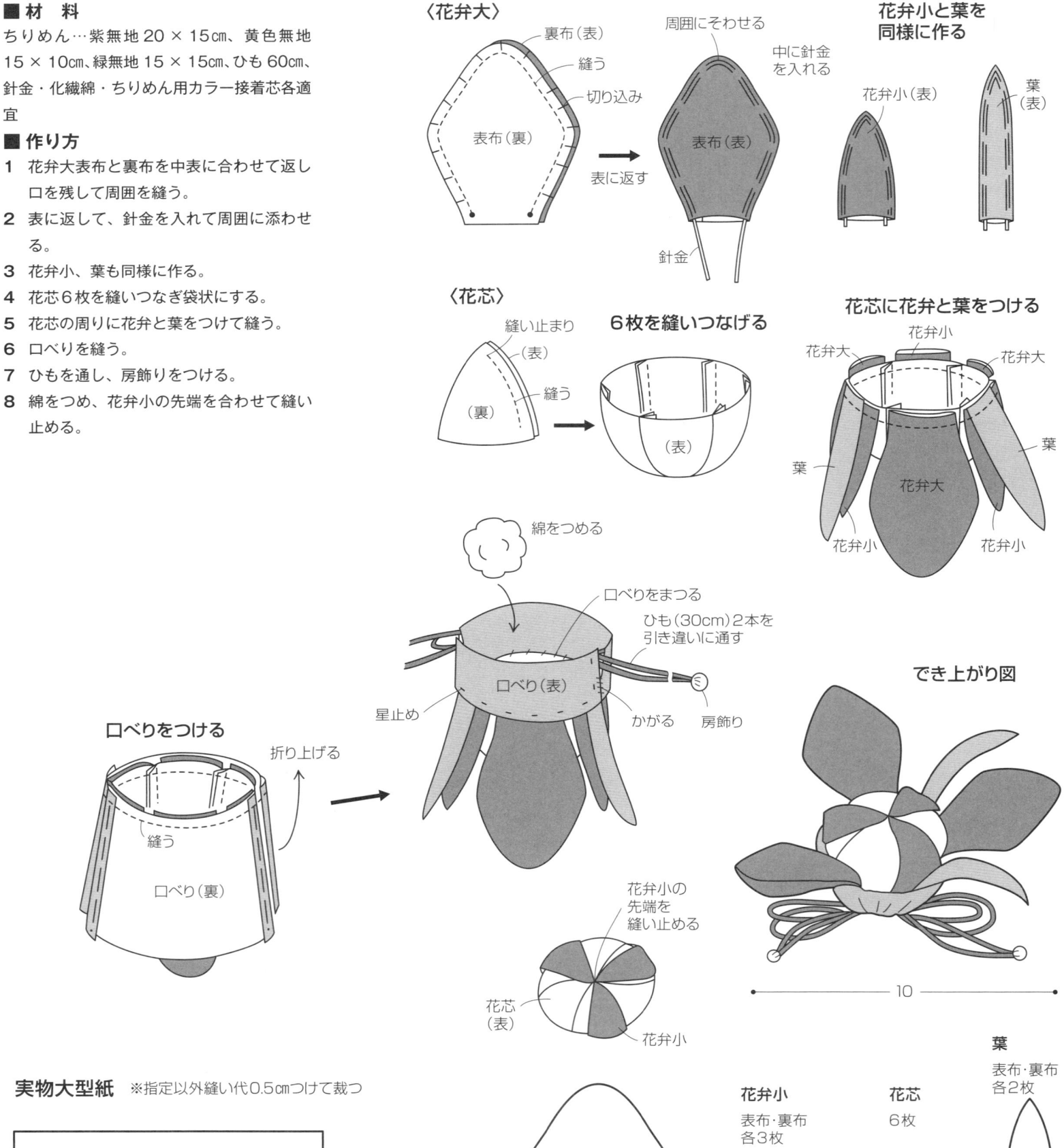

柏餅の節句飾り

◎7ページの作品

■材　料

ちりめん…白無地 30 × 30㎝、ピンク無地 25 × 15㎝、緑無地 4 種各適宜、厚手接着芯・薄手接着芯各 50 × 15㎝、バルサ材・針金・ちりめん用カラー接着芯各適宜

■作り方

1 バルサ材を削った土台にちりめんを貼り、餅を作る。
2 厚手接着芯に針金を貼り、葉表布を重ねて葉脈を作り、のり代を内側に貼る。
3 葉裏布に薄手接着芯を貼り、のり代を内側に貼る。
4 葉表布と裏布を外表に貼る（57 ページ参照）。
5 葉を二つに折り、餅をはさんで貼る。白 3 個、ピンク 2 個作る。
6 敷紙表布、裏布を外表に貼り合わせる。
7 敷紙を折り、柏餅を形良くのせて貼る。

餅

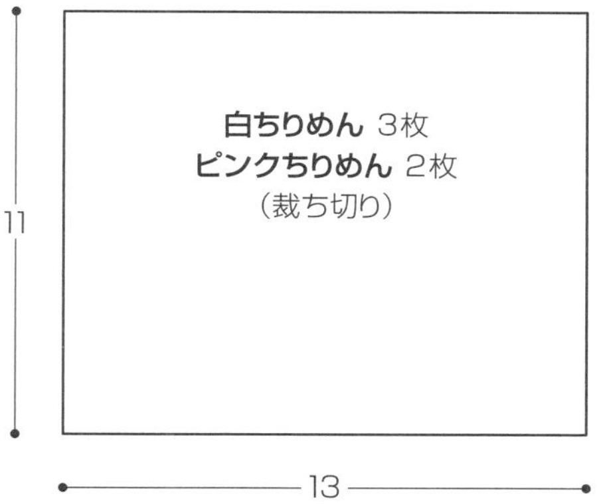

敷紙 ※指定以外のり代0.5㎝つけて裁つ

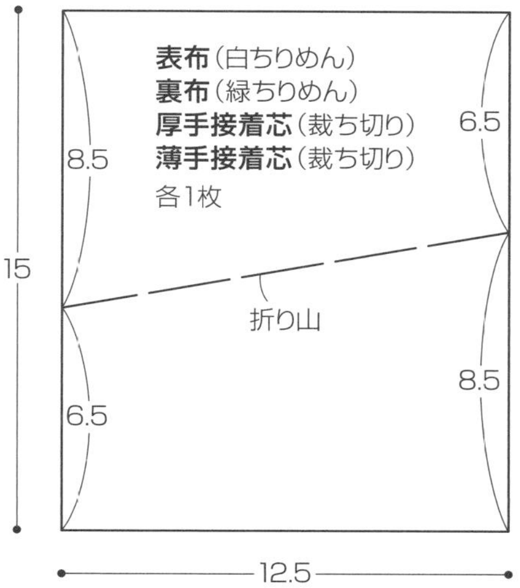

〈葉〉

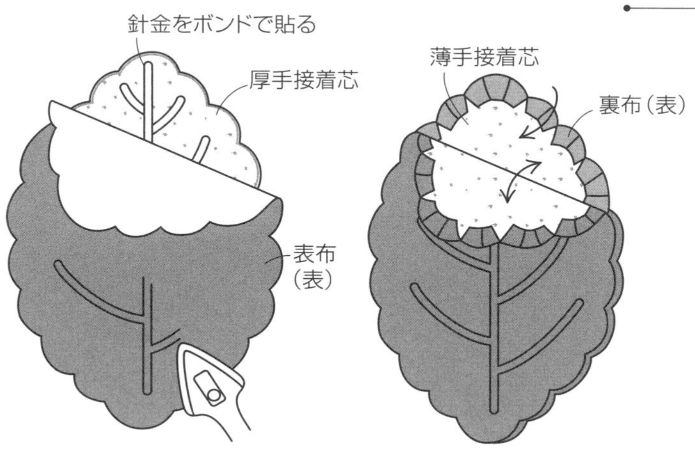

〈餅〉

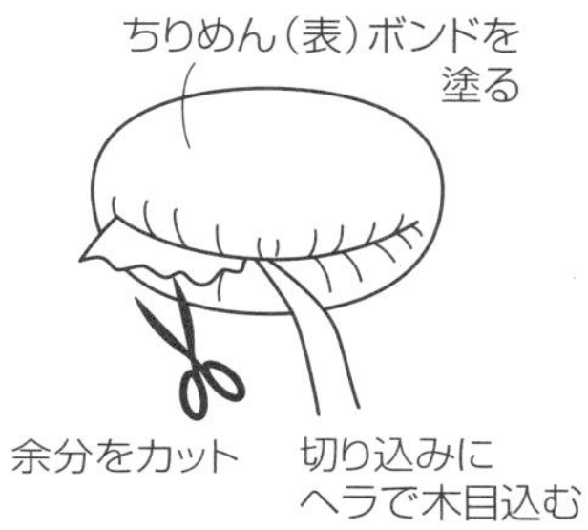

実物大型紙

葉　**表布・裏布**（緑ちりめん）
厚手接着芯・薄手接着芯（裁ち切り）
各5枚

〈敷紙〉

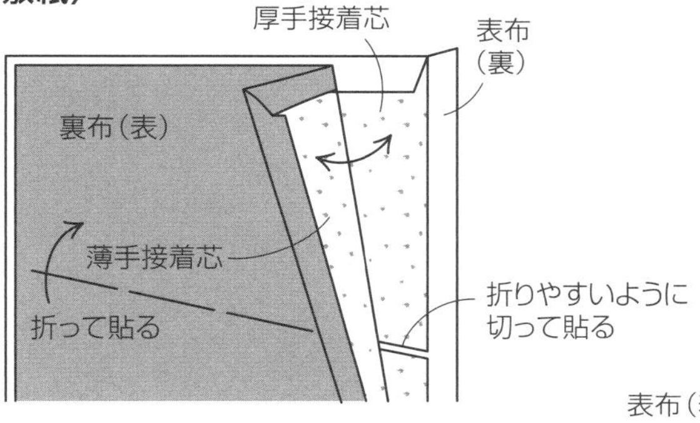

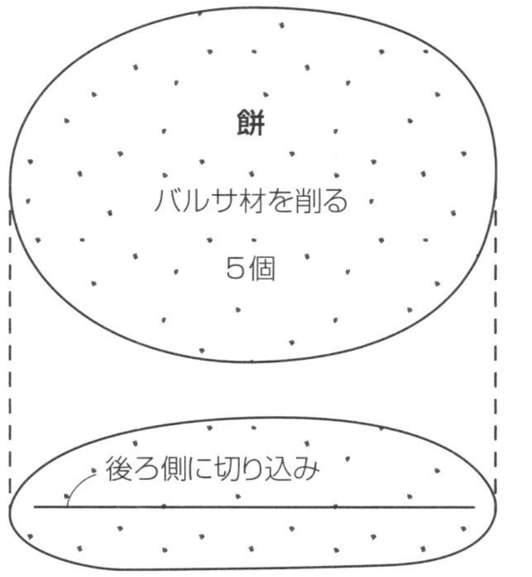

柏餅のまとめ方

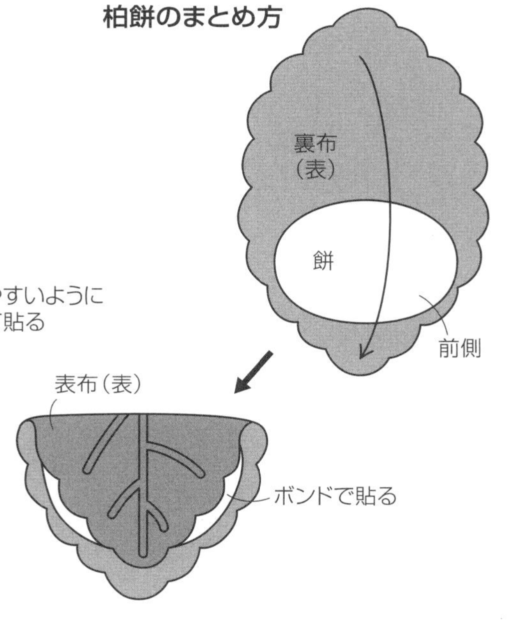

でき上がり図

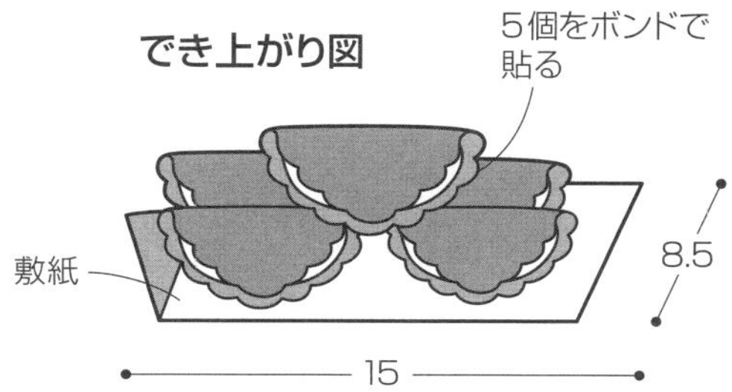

鯉と稚児 ◎5ページの作品

■材　料（赤い鯉の場合）

ちりめん…赤無地30×30㎝、赤柄30×20㎝、白無地20×15㎝、端切れ適宜、接着キルト綿15×7㎝、針金・厚手接着芯・両面接着芯・化繊綿・ちりめん用カラー接着芯、穴糸各適宜

■作り方

1 鯉のぼりの作り方73ページを参照
2 さるぼぼの頭の周囲をぐし縫いし、綿を入れて糸を絞って丸く形を整える。
3 胴は、印同士を中表に縫って手足を作り、表に返して綿をつめ、返し口をまつる。
4 胴に頭をまつりつける。
5 腹がけを作り、胴に当てて結ぶ。
6 兜は2枚の布を貼り合わせて折り紙の要領で折り、ボンドで貼っておく。頭にかぶせてかるく縫い止める。
7 鯉のぼりに稚児をのせて足の内側をかるく縫い止める。

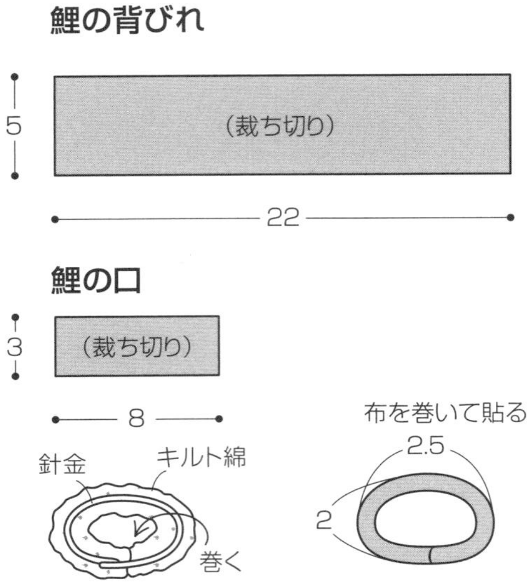

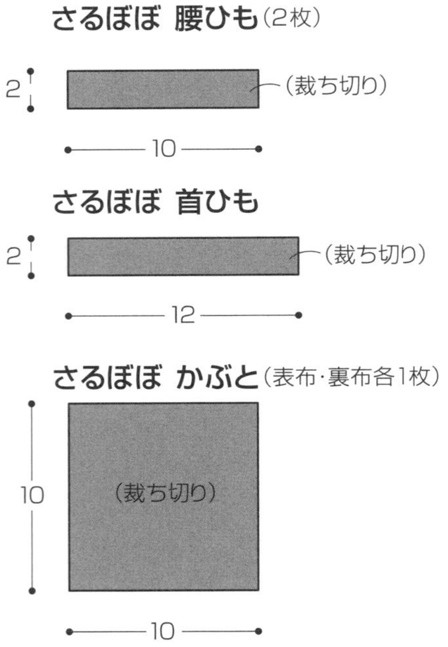

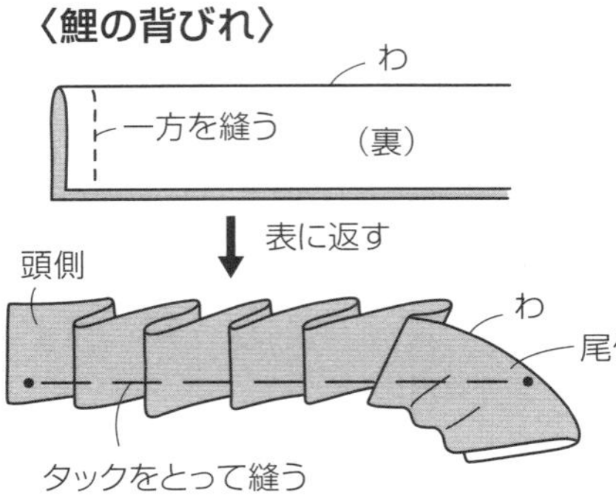

※鯉の作り方は73ページ参照

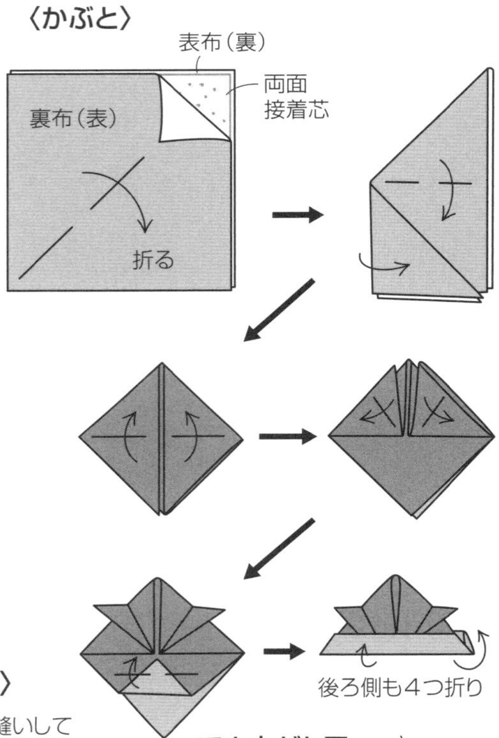

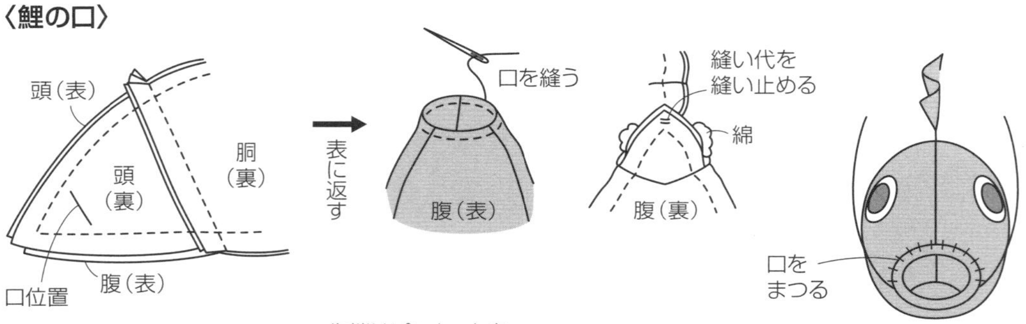

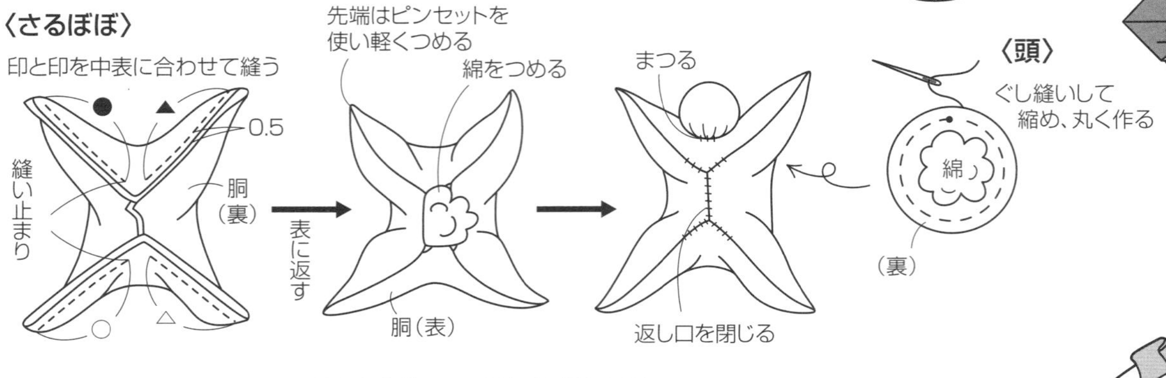

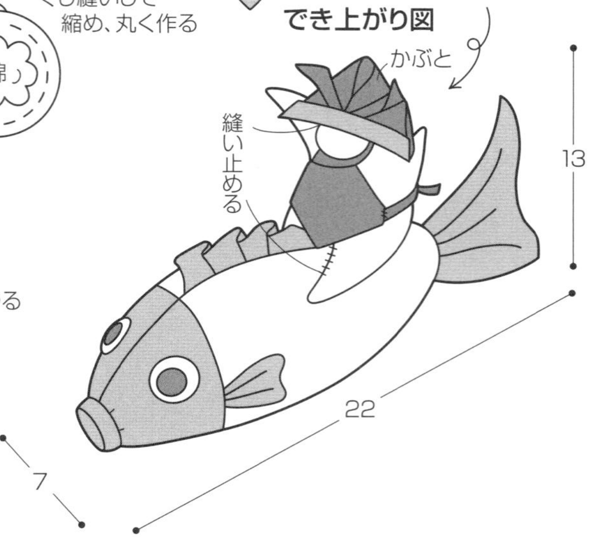

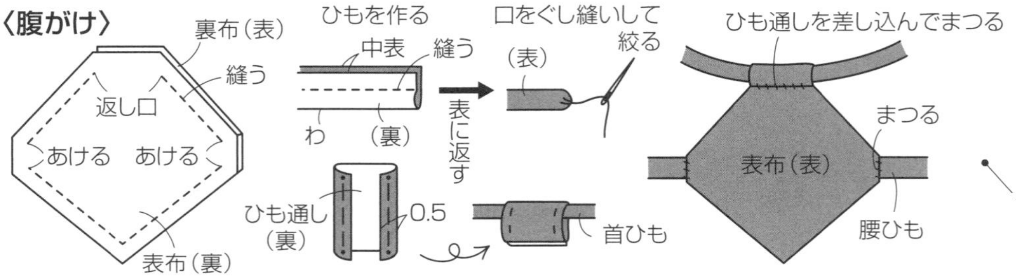

実物大型紙

※指定以外縫い代0.5㎝
つけて裁つ

口位置

鯉 腹（1枚）

口位置

頭（左右対称各1枚）

黒目 2枚（裁ち切り）

白目 2枚（裁ち切り）

返し口

首ひもつけ位置

さるぼぼ 腹がけ（表布・裏布各1枚）

腰ひもつけ位置

腰ひもつけ位置

アウトラインst.（穴糸）

鯉 胴（左右対称各1枚）

鯉 尾びれ（左右対称各1枚）

胸びれ（左右対称各2枚）

さるぼぼ ひも通し（裁ち切り）

※尾びれ表布に接着キルト綿を貼り2枚を中表に合わせて縫う表に返して針金を3本入れる

アウトラインst.（穴糸）

尾びれつけ位置

縫い止まり

縫い止まり

さるぼぼ 頭 1枚（裁ち切り）

さるぼぼ 胴 1枚（裁ち切り）

縫い止まり

縫い止まり

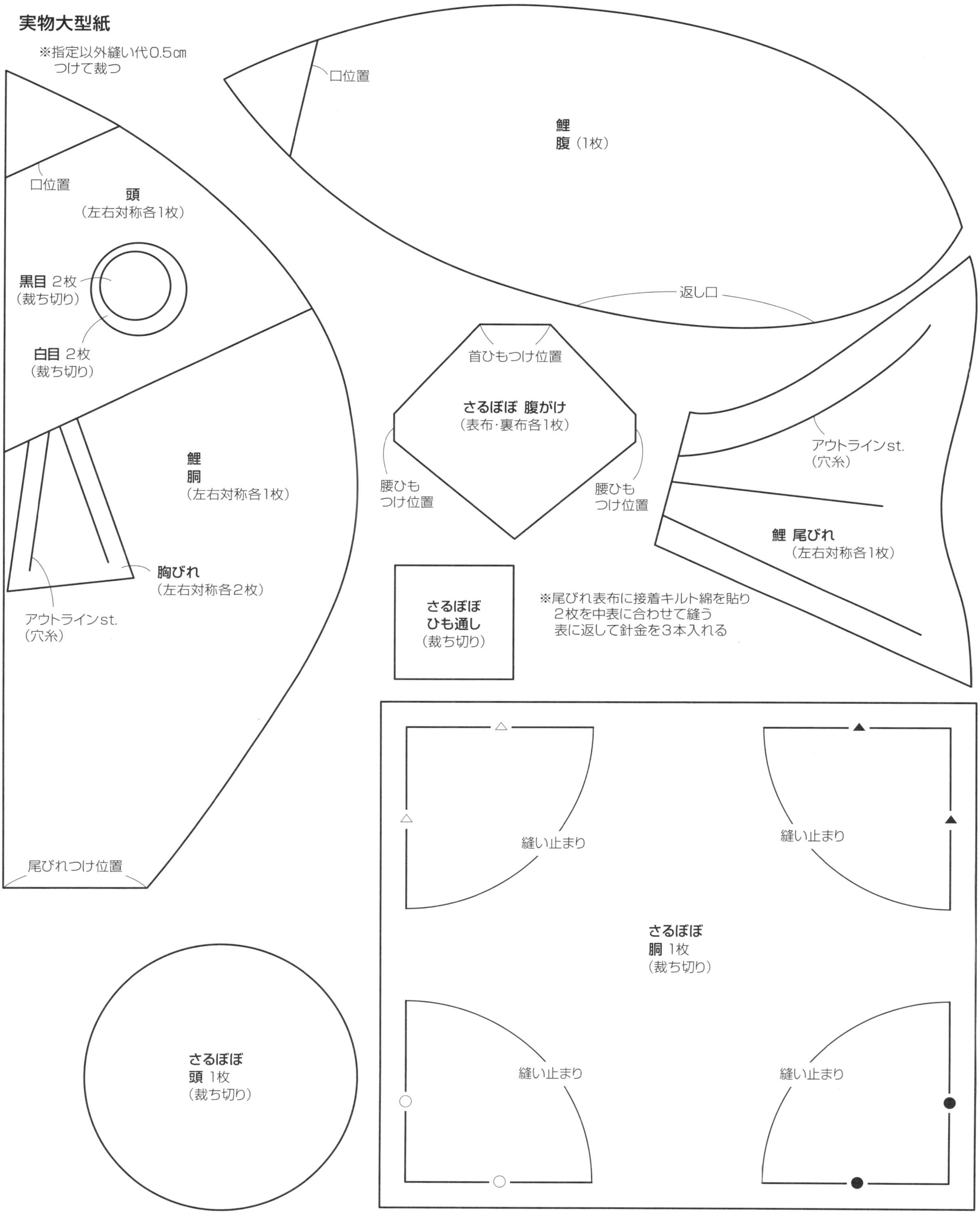

兜 ◎5ページの作品

■材　料

ちりめん…紫無地30×100㎝、柄30×20㎝、黒柄30×10㎝、黄色無地30×10㎝、端切れ適宜、打ひも2種（太）60㎝・（細）30㎝、パイピング布65㎝、7.5㎝角の発泡スチロール・化繊綿・黄色の穴糸・厚手接着芯・ちりめん用カラー接着芯各適宜

■作り方

1　しころ表布と裏布を中表に合わせ、パイピング布をはさんで周囲を縫う。
2　鉢布8枚を縫い合わせ、先端に鉢飾りを縫い止める。
3、4　口べり、眉庇を作る。
5　鉢に眉庇としころを縫い付け、口べりと内袋を重ねて縫う。
6　吹返を作り、しころの両側に差し込んでくける。
7　鍬形を作り、鉢前面に縫い止める。
8　ひも2本を91ページを参照して几帳結びをし、ひも先を結ぶ。
9　鉢に綿をつめる。口べりにひもを通して房飾りをつけ、8のひもを縫いつける。

※縫い代0.5㎝をつけて裁つ

口べり

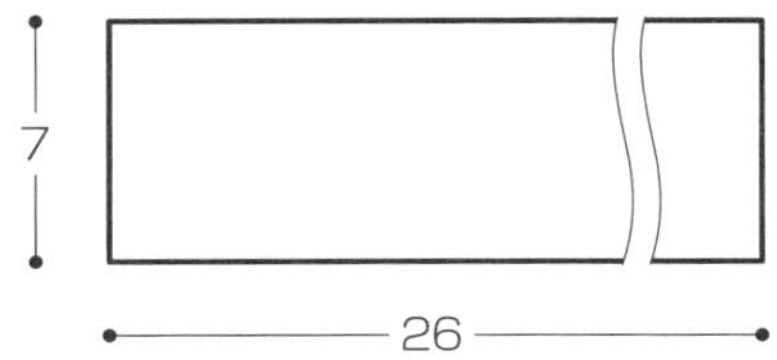

内袋

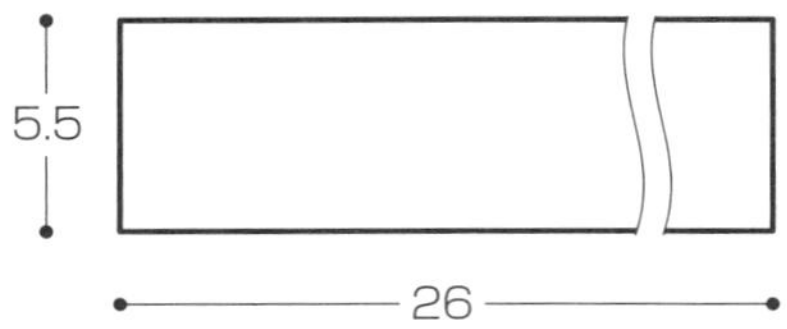

房飾り（2枚）

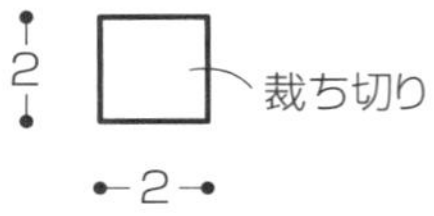

ふくさ

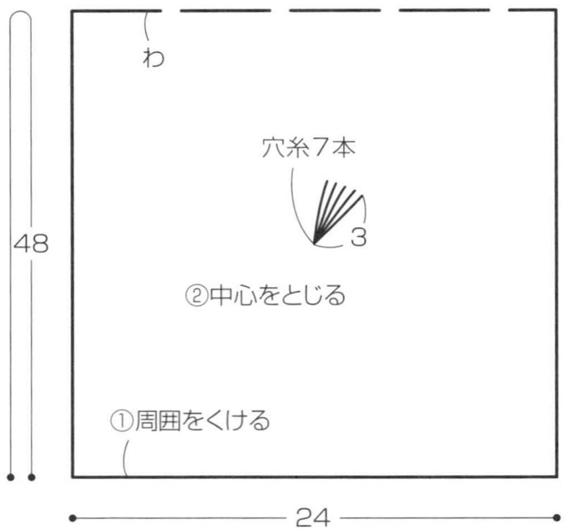

土台

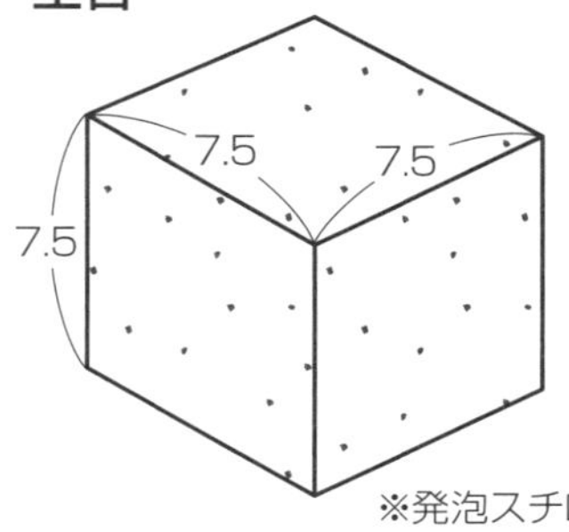

※発泡スチロールに布を貼る

実物大型紙　※指定外縫い代0.5㎝つけて裁つ

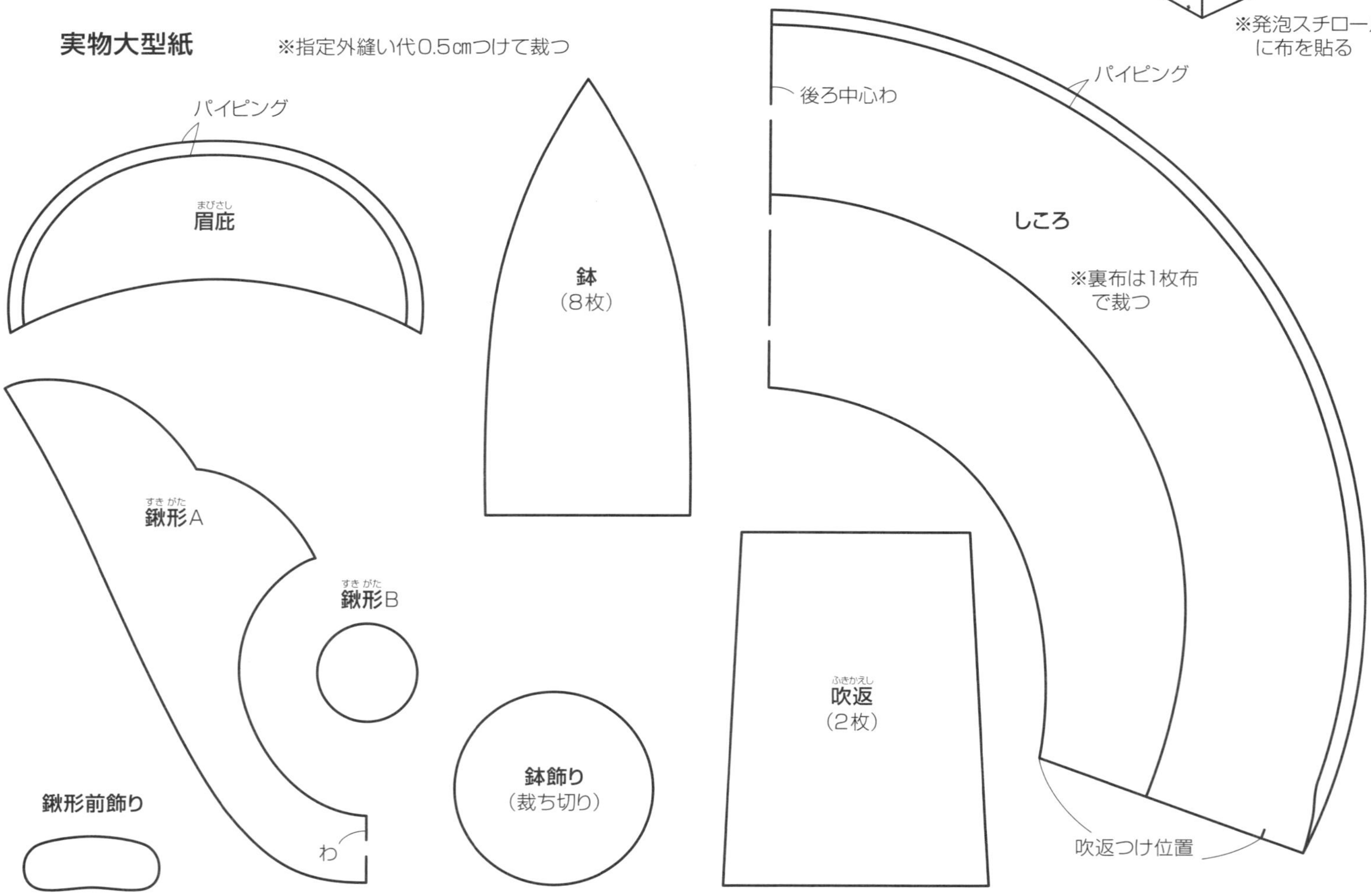

1. しころを作る

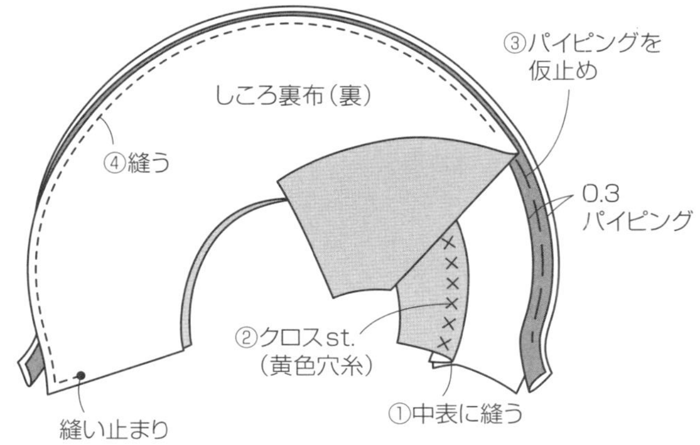

2. 鉢を作る

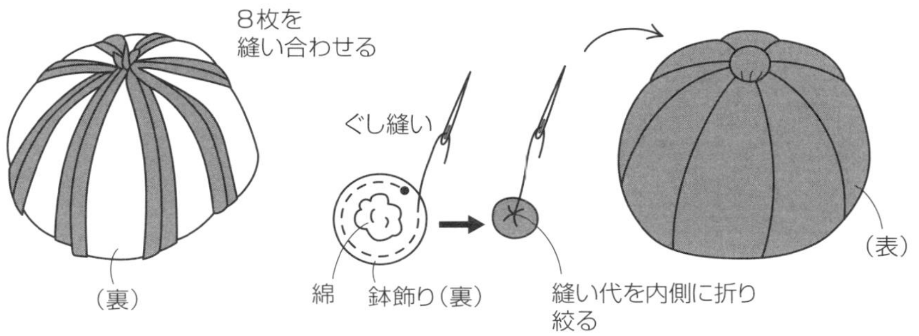

3. 口べりを作る

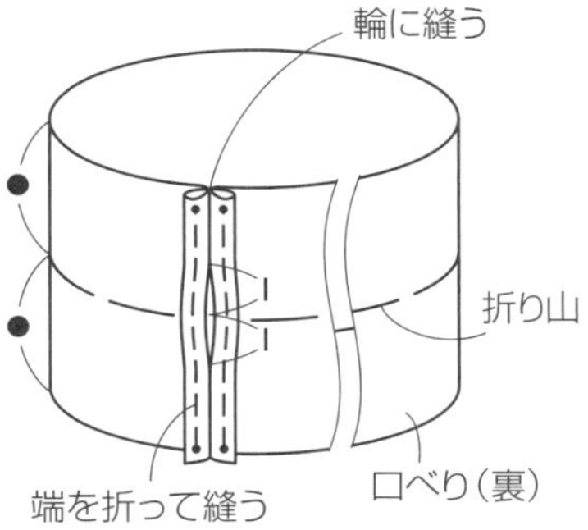

4. 眉庇《まびさし》を作る

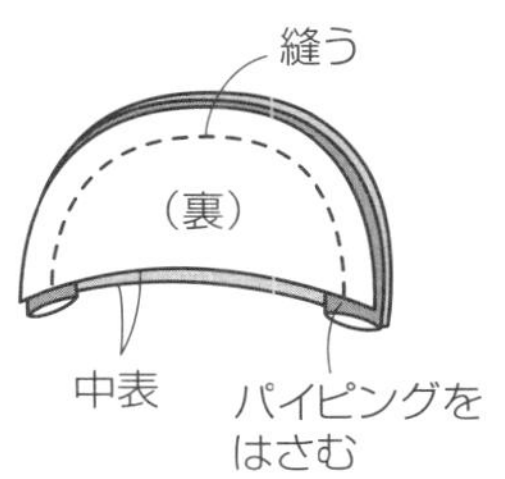

5. まとめる

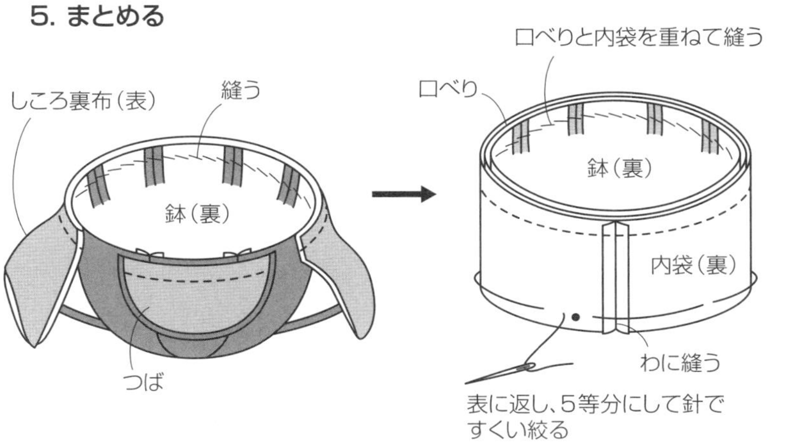

6. 吹返《ふきかえし》を作る

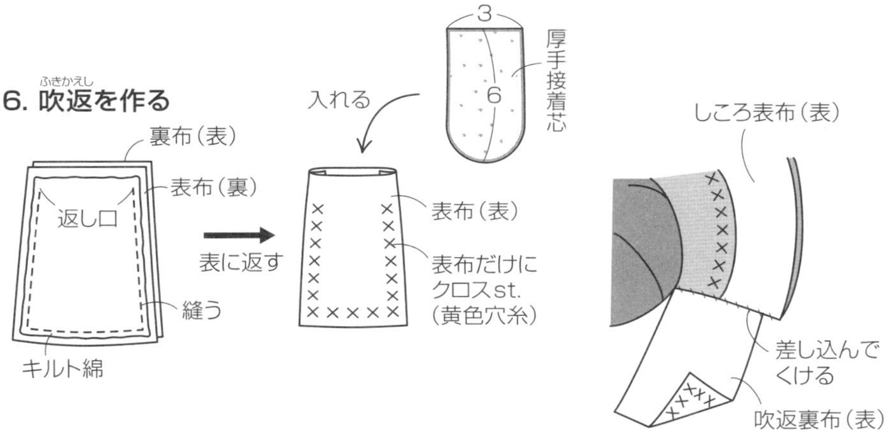

7. 鍬形《すきがた》を作る

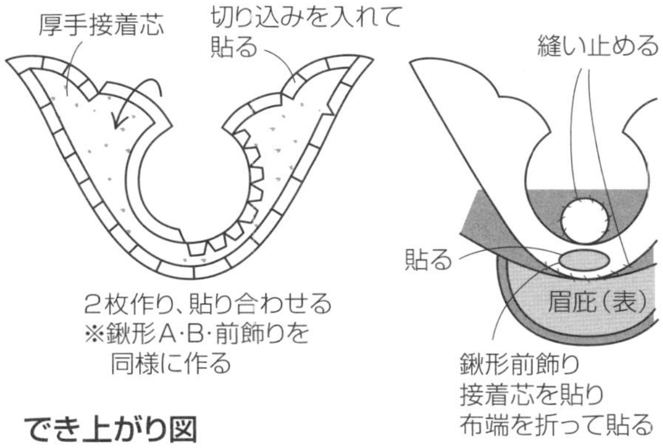

8. ひもを作る

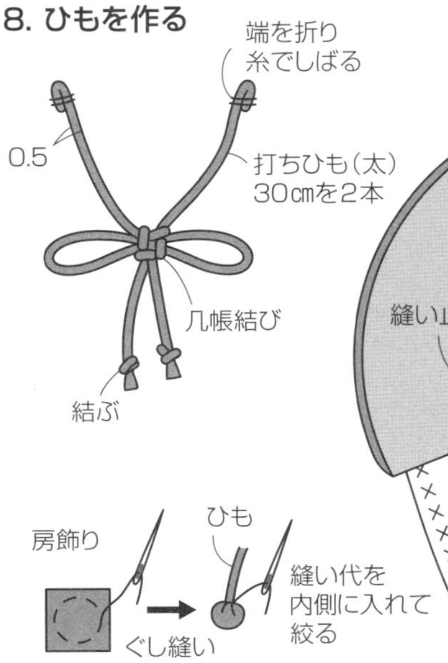

9. 綿をつめる

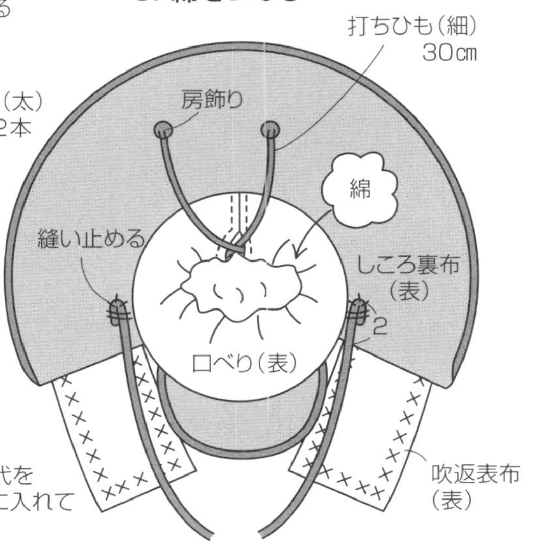

でき上がり図

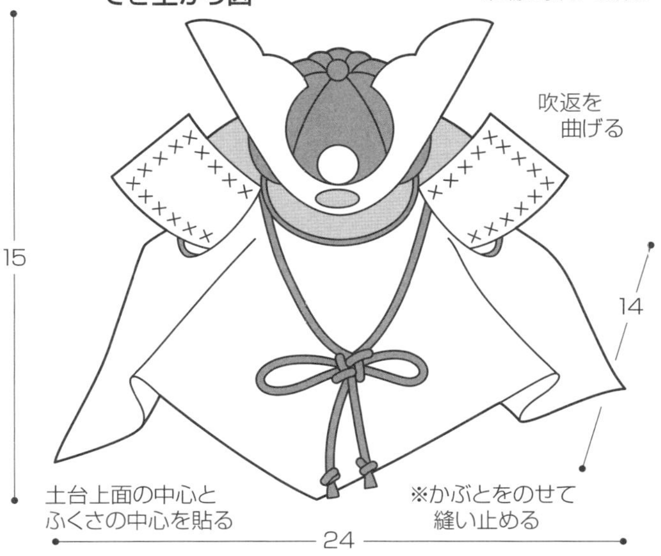

粽《ちまき》 ◎6ページの作品

■材　料

ちりめん…緑無地30×60cm、白無地20×20cm、赤・紫・緑無地適宜、ひも…金色・銀色各420cm、黒・青・白・黄・赤各50cm、花芯・厚手接着芯・薄手接着芯・バルサ材・針金・ちりめん用カラー接着芯各適宜

■作り方

1　土台に笹の葉の布を巻き、底をぐし縫いして絞り、金色のひもを巻いて貼る。ちまき7本を作る。
2　7本を束ねて5色のひもで巻く。
3　よもぎ、花、つぼみ、葉、花菖蒲を作る。
4　のしを外表に貼り合わせて袋状にする。
5　のしに3を入れてまとめ、ちまきに貼る。

〈ちまき〉

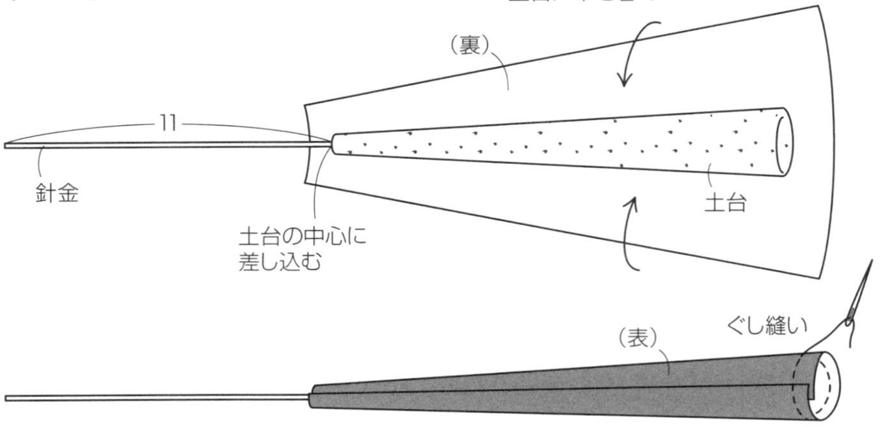

実物大型紙 ※のり代0.3〜0.5cmつけて裁つ

葉
表布·裏布各7枚
(緑ちりめん)

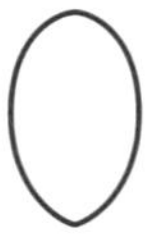

つぼみ
表布·裏布各2枚
(赤·白ちりめん各1)

花
表布·裏布各3枚
(赤ちりめん2·白ちりめん1)

よもぎ 表布·裏布(緑ちりめん)
各3枚

のし ※c、c'は表布のみ

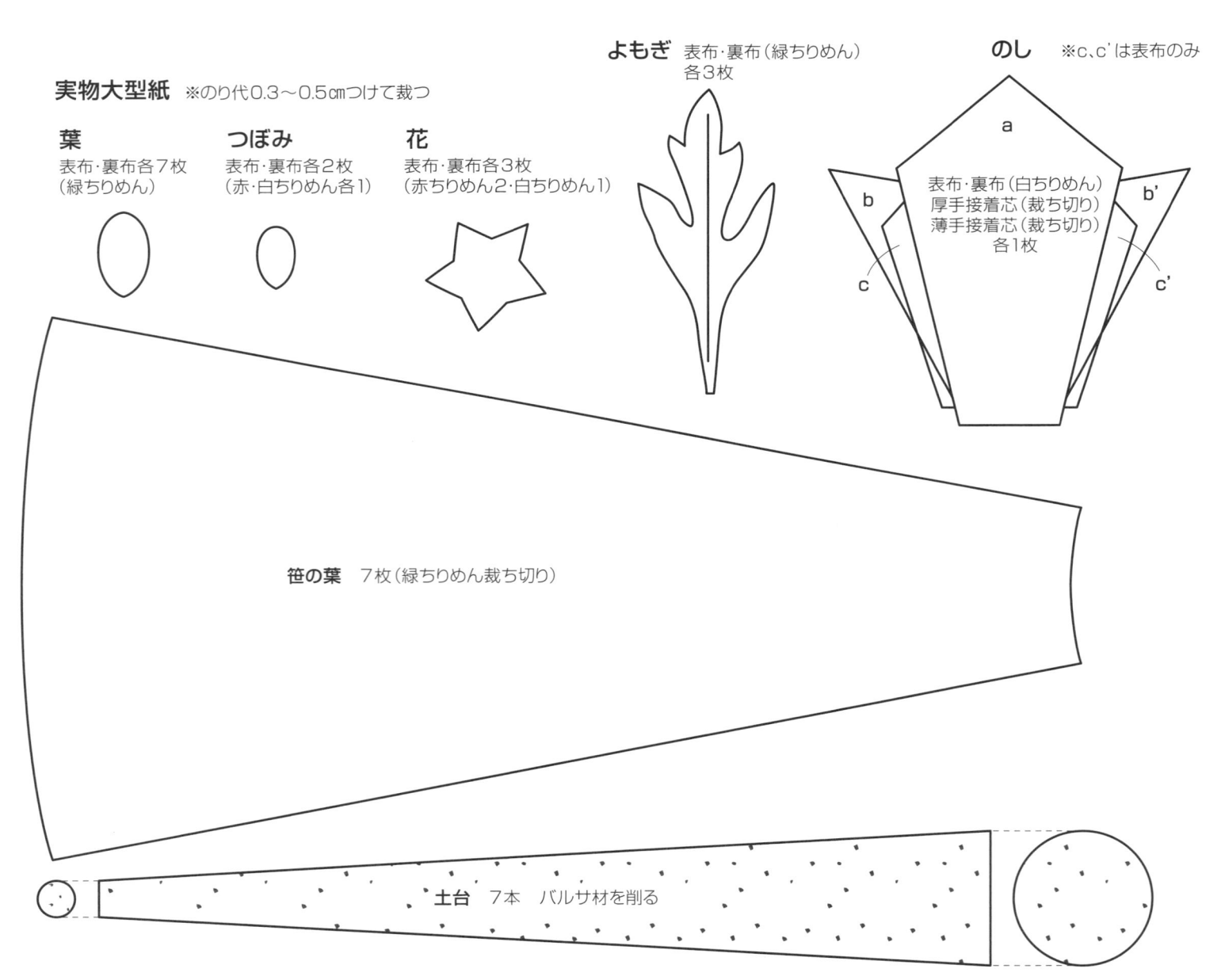

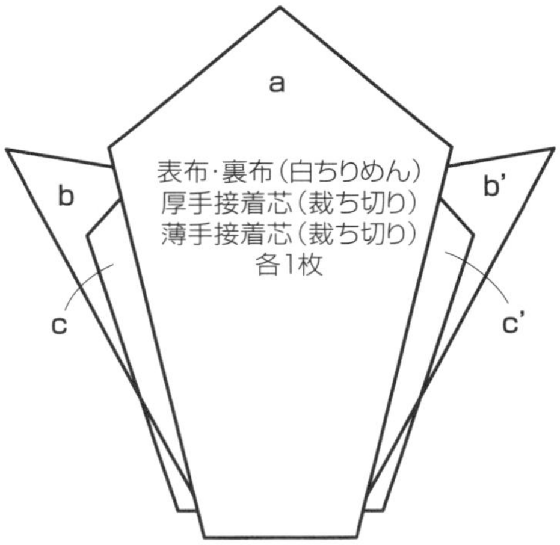

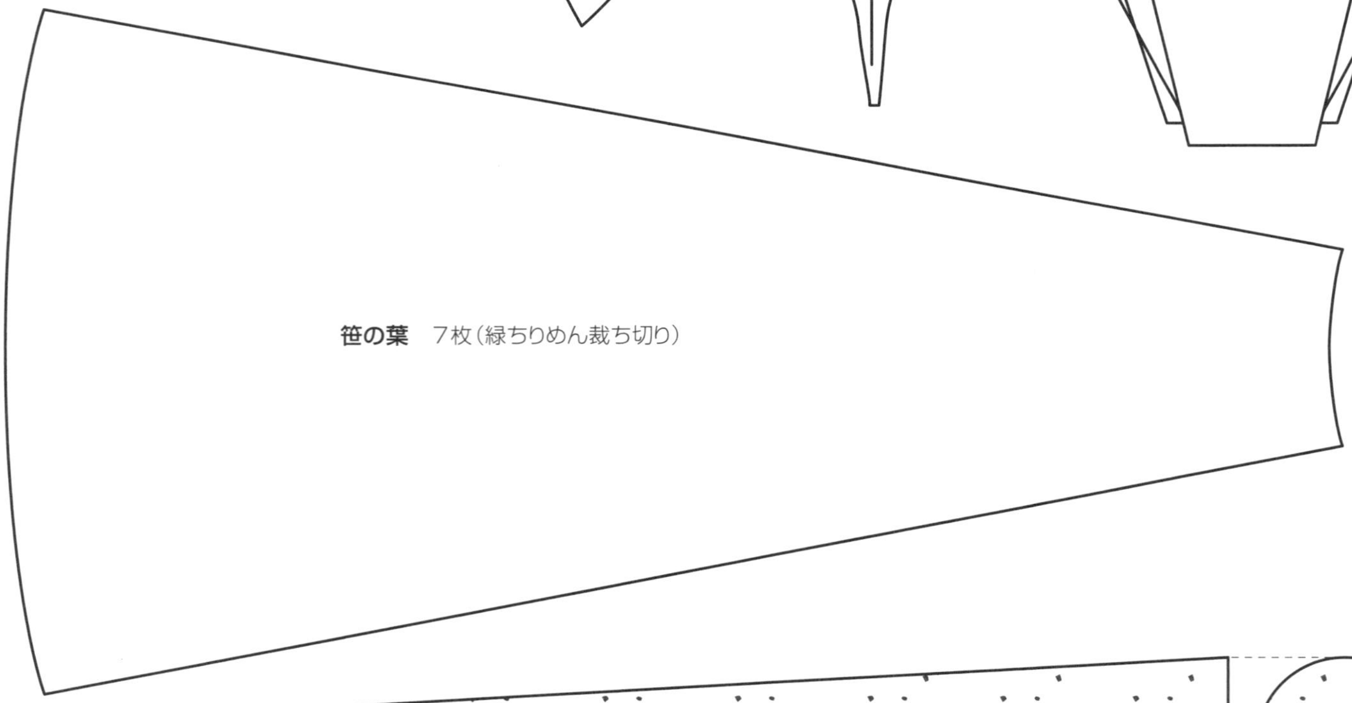

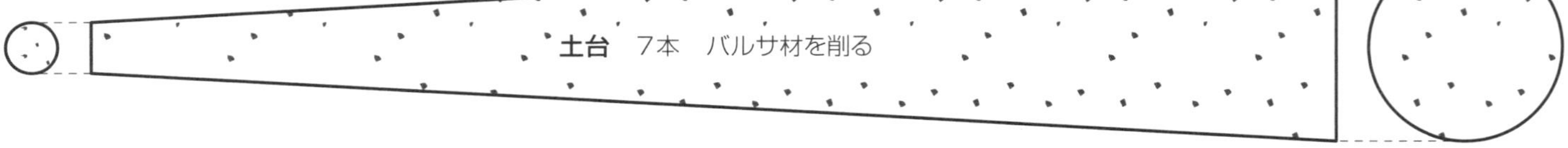

※花菖蒲は98ページ参照

〈ちまき〉

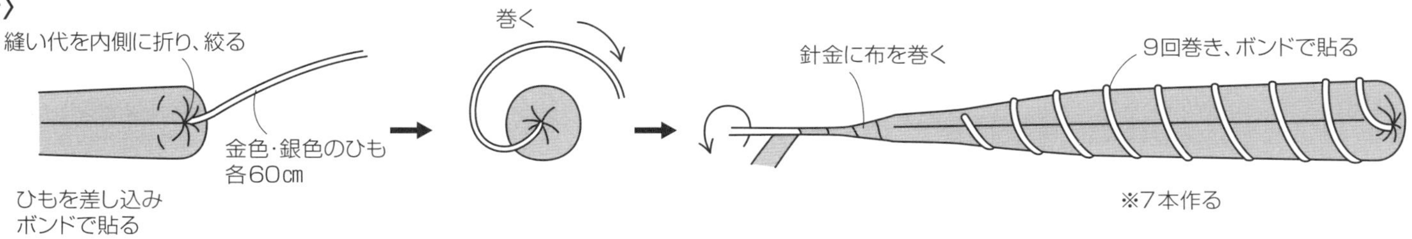
縫い代を内側に折り、絞る
金色·銀色のひも
各60cm
ひもを差し込み
ボンドで貼る
巻く
針金に布を巻く
9回巻き、ボンドで貼る
※7本作る

〈まとめ方〉

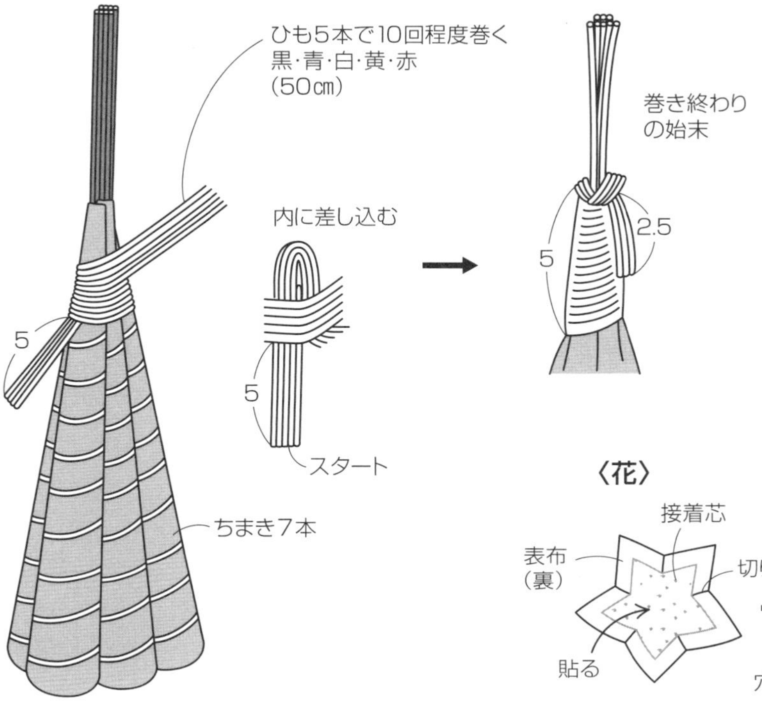
ひも5本で10回程度巻く
黒·青·白·黄·赤
(50cm)
5
ちまき7本
内に差し込む
5
スタート
巻き終わり
の始末
5
2.5

〈よもぎ〉

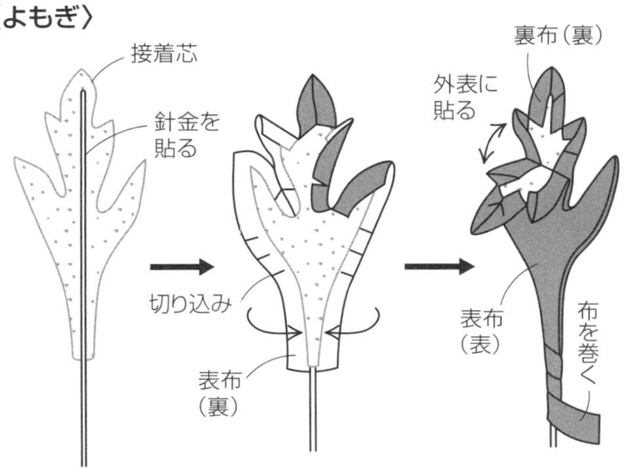
接着芯
針金を
貼る
切り込み
表布
(裏)
裏布(裏)
外表に
貼る
表布
(表)
布を巻く

※つぼみ·葉を同様に作る

〈花〉

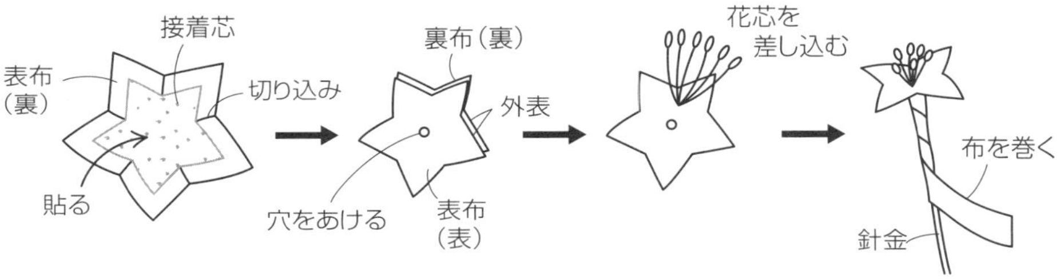
接着芯
表布
(裏)
切り込み
貼る
裏布(裏)
外表
穴をあける
表布
(表)
花芯を
差し込む
布を巻く
針金

〈のし〉

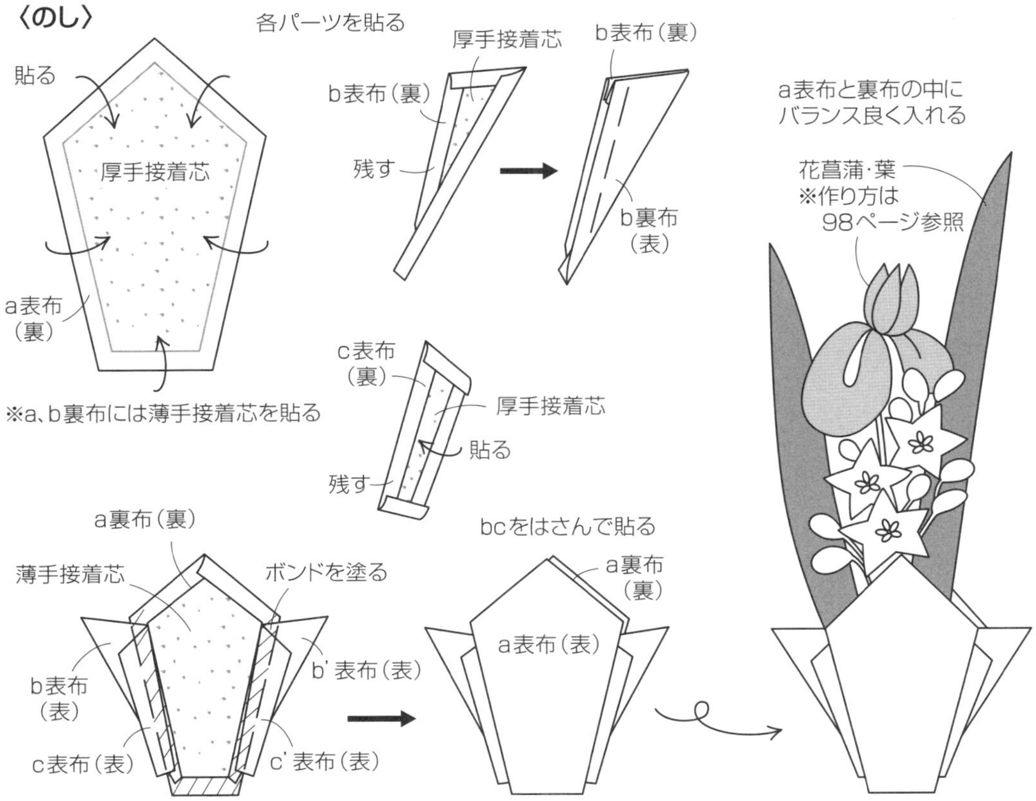
各パーツを貼る
貼る
厚手接着芯
a表布
(裏)
※a、b裏布には薄手接着芯を貼る
厚手接着芯
b表布(裏)
b表布(裏)
残す
b裏布
(表)
c表布
(裏)
厚手接着芯
貼る
残す
a裏布(裏)
薄手接着芯
ボンドを塗る
b表布
(表)
b' 表布(表)
c表布(表)
c' 表布(表)
bcをはさんで貼る
a裏布
(裏)
a表布(表)
a表布と裏布の中に
バランス良く入れる
花菖蒲·葉
※作り方は
98ページ参照

でき上がり図

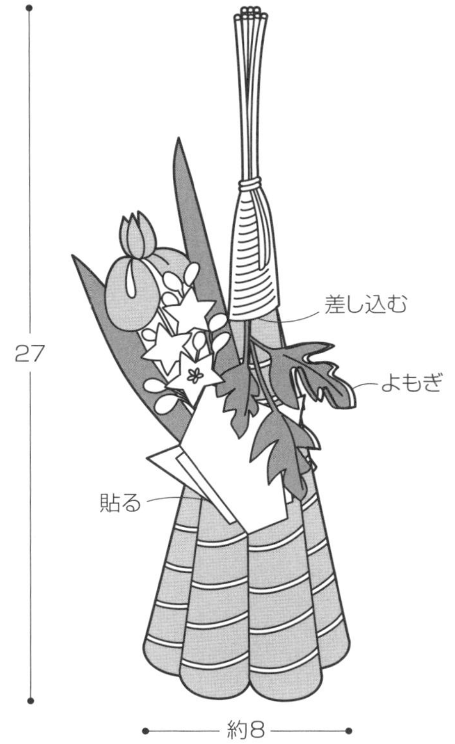
27
差し込む
よもぎ
貼る
約8

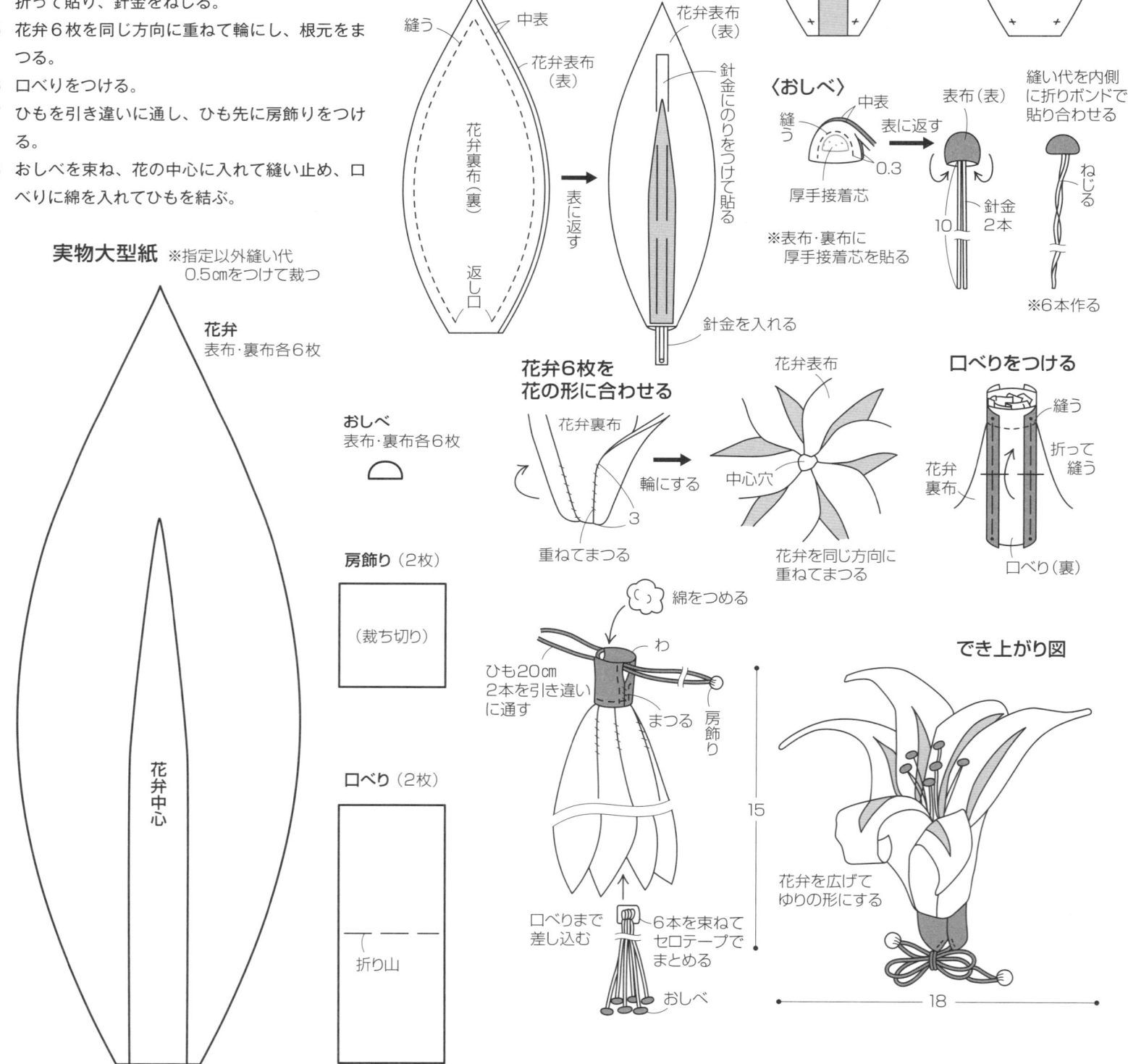

ゆりの袋物 ◎8、9、10ページの作品

■ **材　料**

ちりめん…ピンク無地 30 × 50㎝、赤鹿の子 15 × 10㎝、緑無地７×７㎝、赤茶無地適宜、ひも 40㎝、針金２種・厚手接着芯・両面接着芯・化繊綿・ちりめん用カラー接着芯各適宜

■ **作り方**

1 花弁の表布と裏布を中表に合わせて返し口を残して周囲を縫う。
2 表に返して針金（ビニール加工）を入れて貼る。
3 表裏２枚のおしべに厚手接着芯を貼り、中表に合わせて縫う。
4 表に返して２本の針金を入れ、縫い代を内側に折って貼り、針金をねじる。
5 花弁６枚を同じ方向に重ねて輪にし、根元をまつる。
6 口べりをつける。
7 ひもを引き違いに通し、ひも先に房飾りをつける。
8 おしべを束ね、花の中心に入れて縫い止め、口べりに綿を入れてひもを結ぶ。

〈花弁中心〉

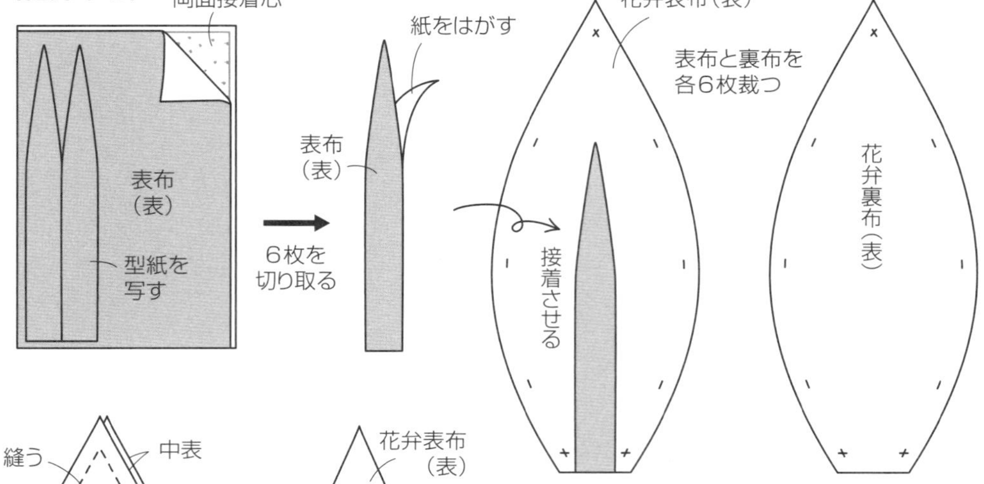

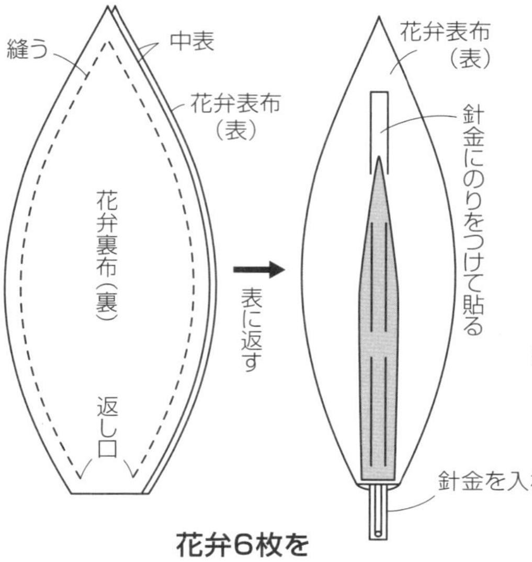

〈おしべ〉

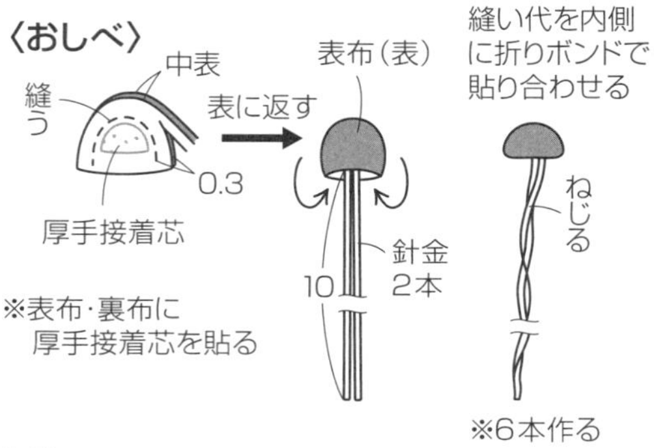

花弁6枚を花の形に合わせる

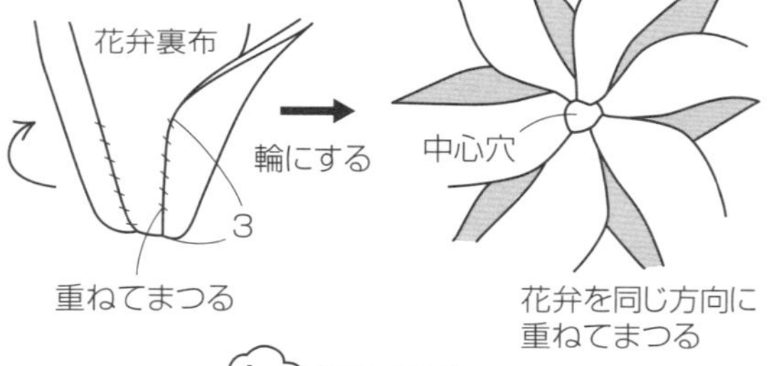

口べりをつける

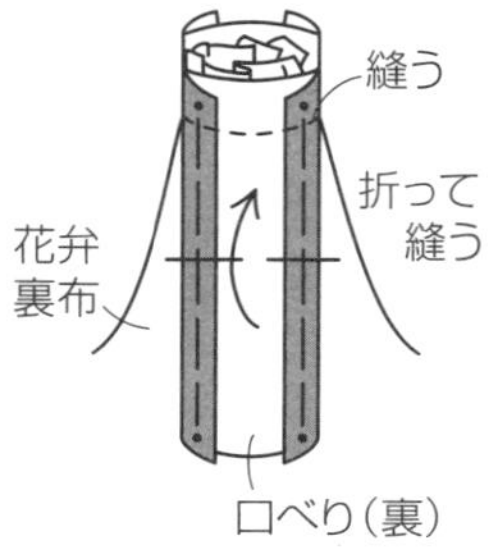

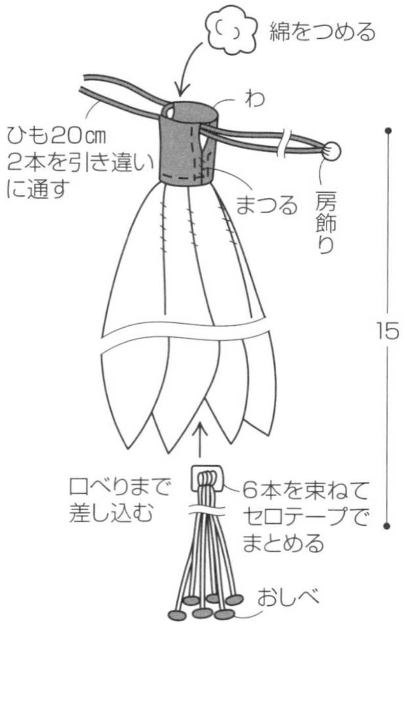

でき上がり図

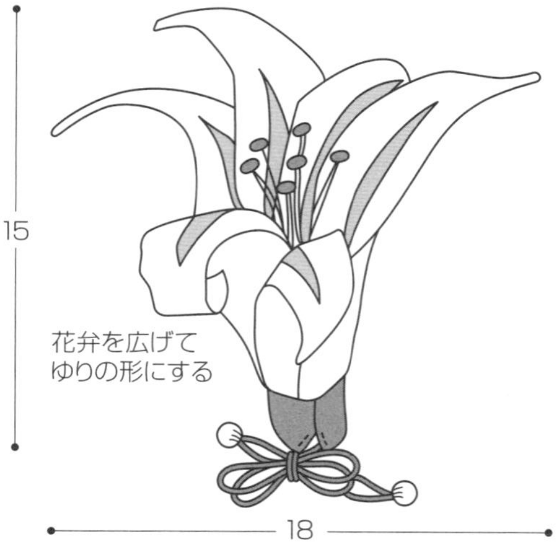

実物大型紙 ※指定以外縫い代 0.5㎝をつけて裁つ

花弁
表布・裏布各6枚

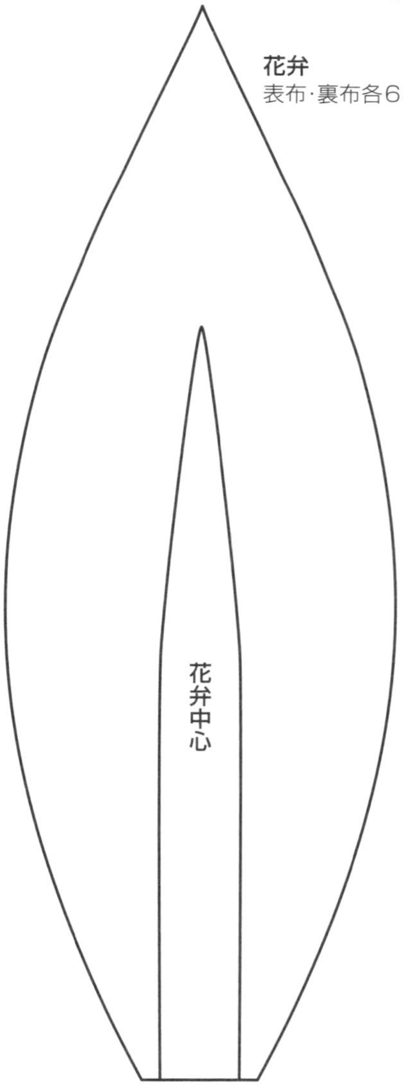

おしべ
表布・裏布各6枚

房飾り（2枚）

口べり（2枚）

トマトの袋物 ◎8、9、10ページの作品

■材　料

ちりめん…赤無地 20 × 20cm、緑無地 30 × 15cm、ひも 80cm、化繊綿・ちりめん用カラー接着芯各適宜

■作り方

1　実５枚を縫いつないで袋状にする。
2　ヘタを５枚作り、実の上に重ねて仮止めしておく。
3　口べりをつける。
4　ひもを通して、房飾りをつける。
5　綿をつめる。

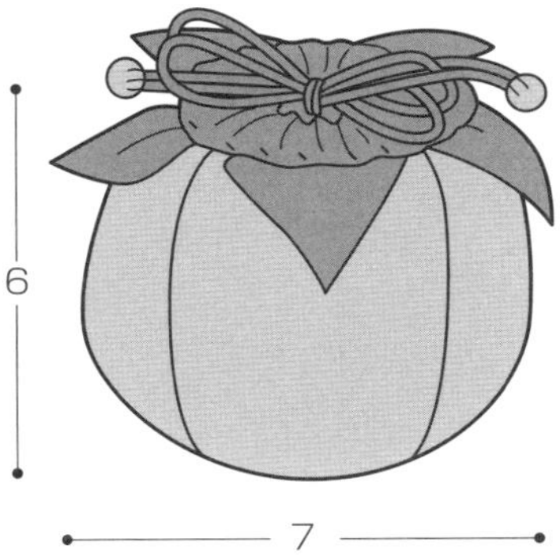

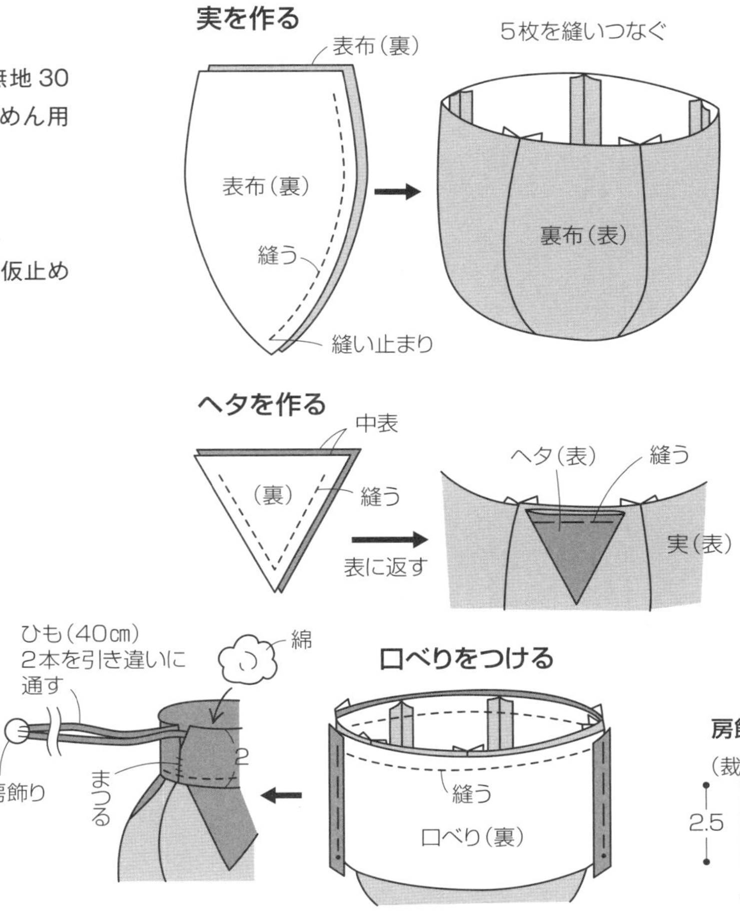

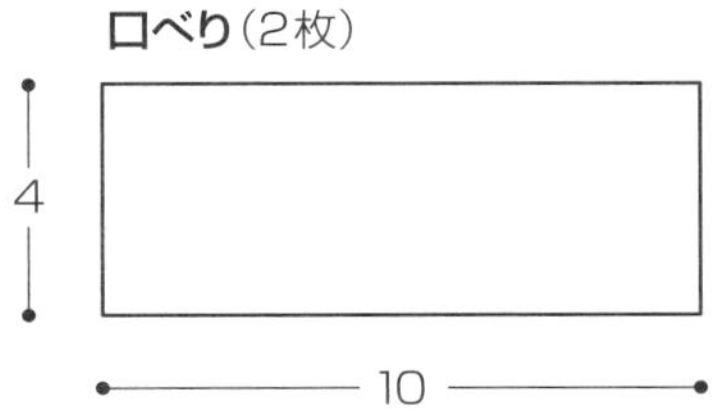

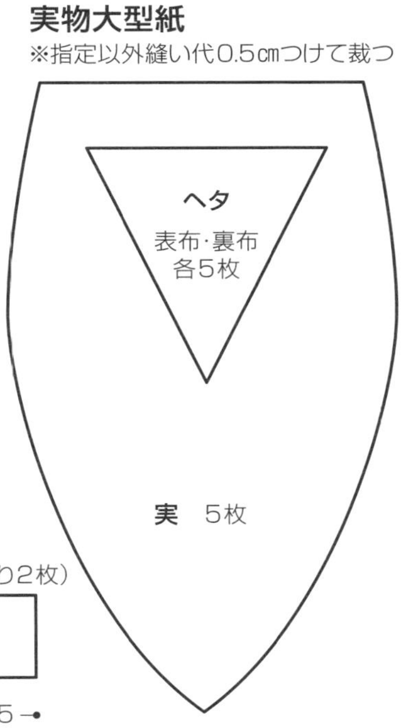

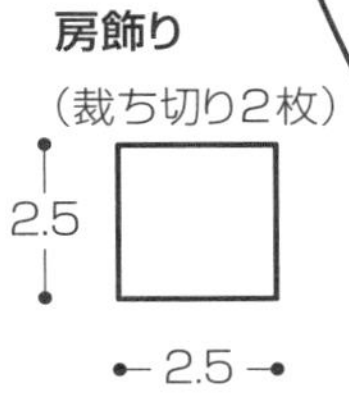

ちょうちん ◎8、9、10ページの作品

■材　料

ちりめん…柄 20 × 20cm、黒無地 15 × 15cm、厚手接着芯 30 × 15cm、化繊綿・ちりめん用カラー接着芯各適宜

■作り方

1　本体、底、上下枠に厚手接着芯を貼る。
2　本体６枚を中表に縫い、輪にする。
3　枠を輪に縫い、二つに折って上下に縫いつける。
4　底の周囲を縫い縮め、下枠にかがる。
5　綿をつめる。

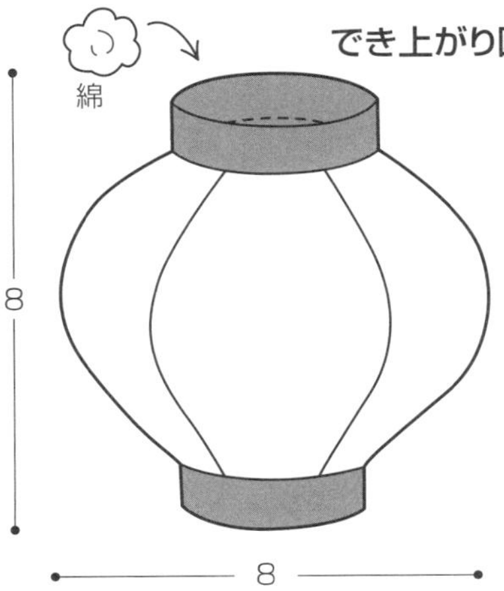

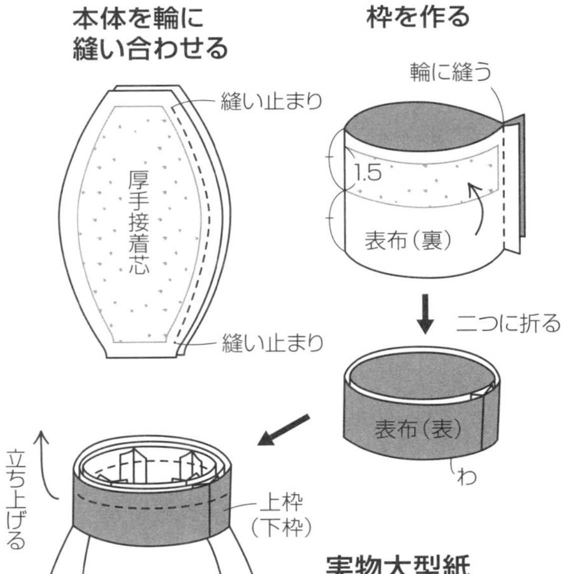

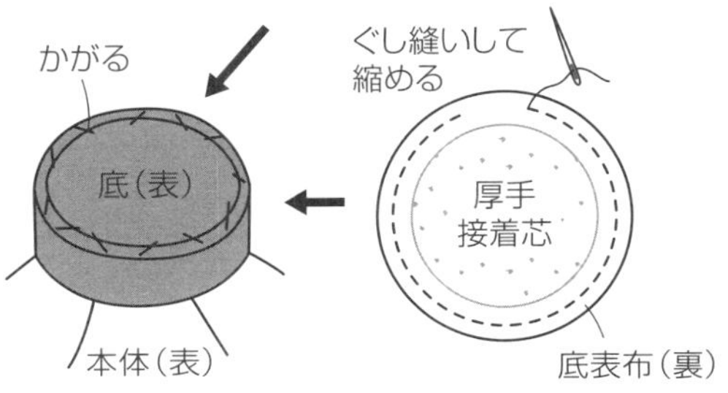

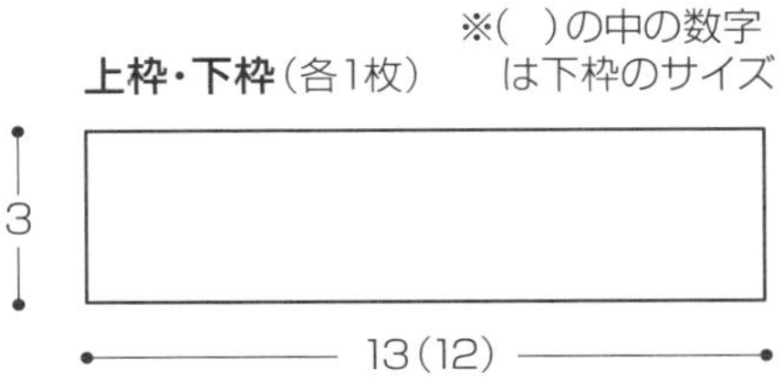

実物大型紙
※指定以外縫い代0.5cmつけて裁つ

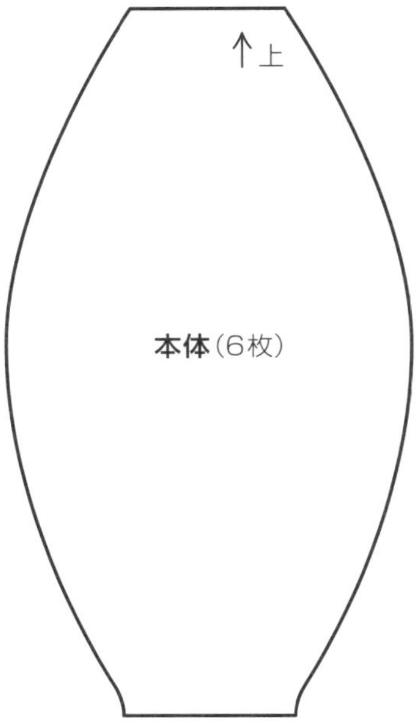

福ふく金魚

◎11ページの作品

■ 材　料

ちりめん…赤無地 30 × 115㎝、赤鹿の子 30 × 25㎝、白無地 5 × 10㎝、黒無地 4 × 8㎝、キルト綿 30 × 55㎝、化繊綿・厚手接着芯・針金・ラメ糸・ちりめん用カラー接着芯各適宜

■ 作り方

1 背びれ、尾びれ、胸びれ布をそれぞれ中表に合わせ、返し口を残して周囲を縫う。尾びれ、胸びれにはキルト綿を重ねる。
2 表に返して尾びれに刺しゅう、胸びれはタックをとる。
3 胴 2 枚に背びれをはさんで縫い、頭と縫い合わせる。
4 3 と底を中表に合わせて、尾びれ、胸びれをはさんで周囲を縫う。
5 表に返して綿をつめ、返し口をまつる。
6 目、口をつける。

〈本体〉

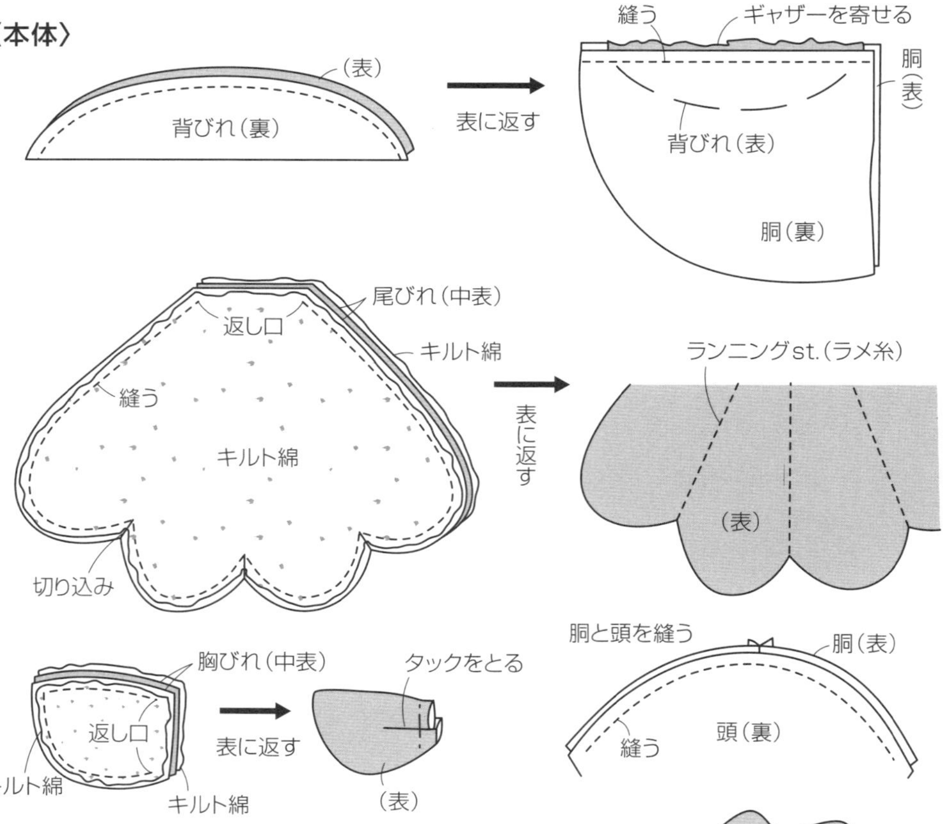

〈まとめ方〉

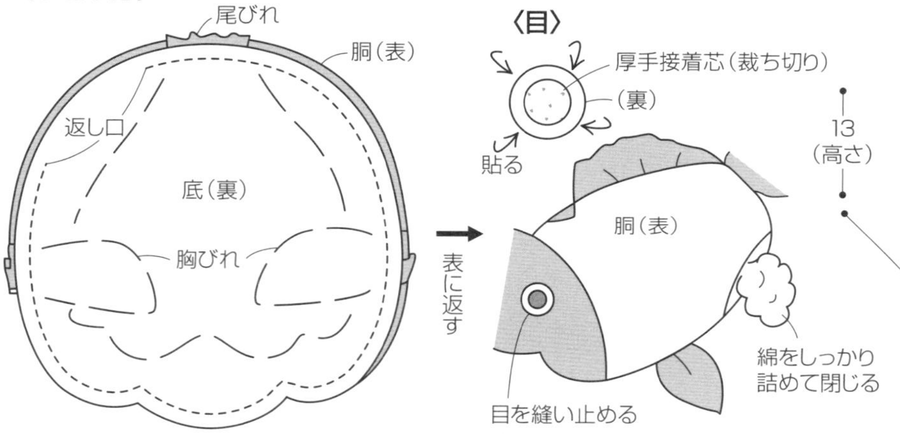

でき上がり図

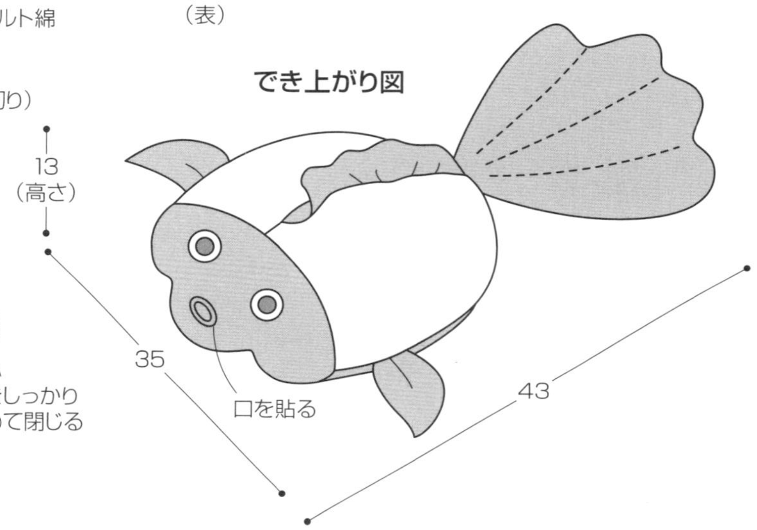

金魚型紙　※300%に拡大して使用して下さい
※縫い代0.5㎝つけて裁つ

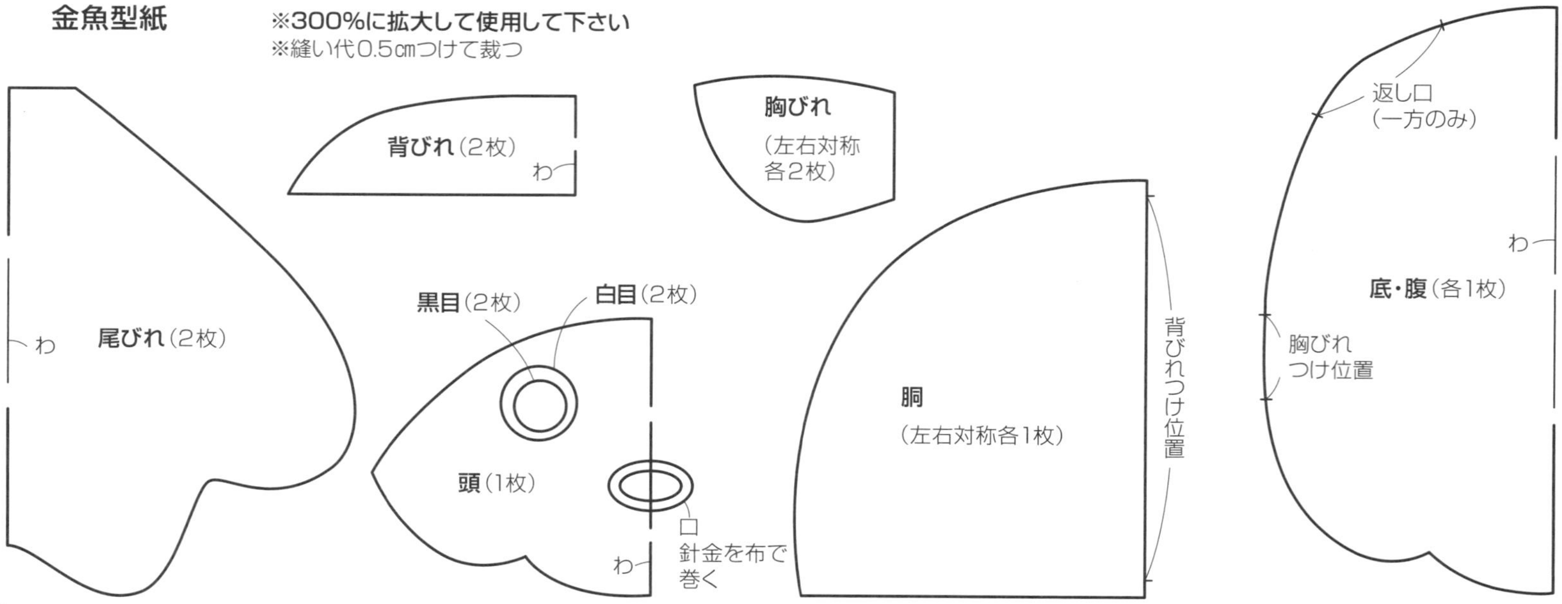

梅の袋物(ミニ)

◎14、15ページの作品

■ **材　料**

ちりめん…赤無地 30 × 10㎝、緑無地５ × ５㎝、薄ピンク無地３ × ３㎝、ひも 30㎝、化繊綿・穴糸黄色・両面接着芯・ちりめん用カラー接着芯各適宜

■ **作り方**

1 花びら表・裏を５枚ずつ縫い合わせ、中表に合わせて輪郭を縫う。
2 花芯を作る。
3 花芯にタックをとって、花びらと縫い合わせる。
4 口べりをつける。
5 ひもを通し、房飾りをつけて綿をつめる。
6 糸ループ(86 ページ参照)をつける。

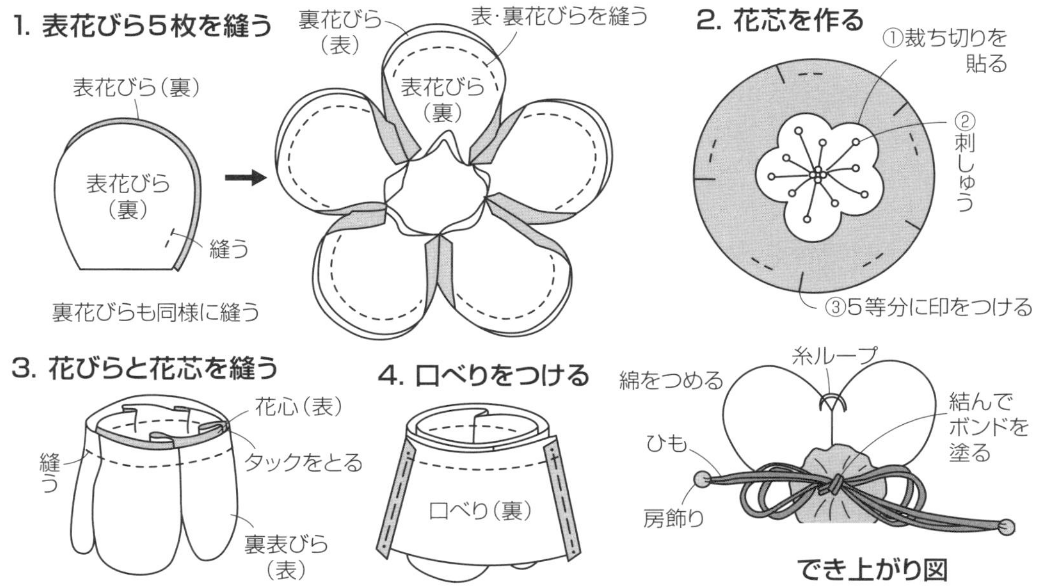

でき上がり図

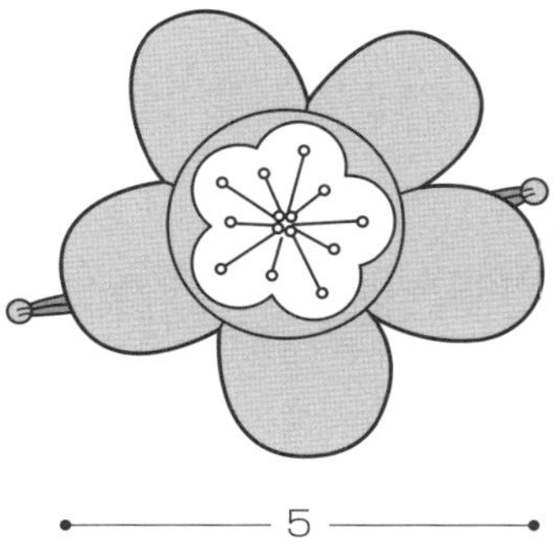

実物大型紙 ※指定以外縫い代0.5㎝つけて裁つ

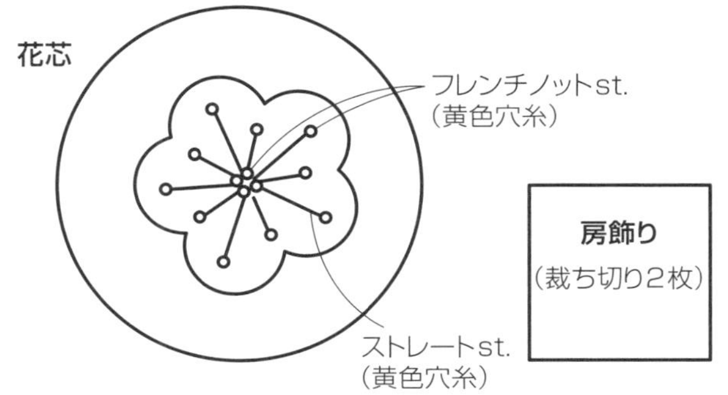

桜の袋物(ミニ)

◎14、15ページの作品

■ **材　料**

ちりめん…ピンク無地 15 × 6㎝、緑無地５ × ５㎝、黄色無地５ × ３㎝、ひも 20㎝、化繊綿・ちりめん用カラー接着芯各適宜

■ **作り方**

1 表花びらにはダーツを縫い、５枚を縫い合わせる。
2 花芯を作り、表花びらと縫い合わせる。
3 裏花びら ５ 枚を中表に縫う。
4 表・裏花びらの輪郭を縫う。
5 口べりを裏花びらだけにつけ、綿をつめる。
6 花芯にしべをつけて絞る。
7 ひもを通して、房飾りをつける。
8 糸ループ(86 ページ参照)をつける。

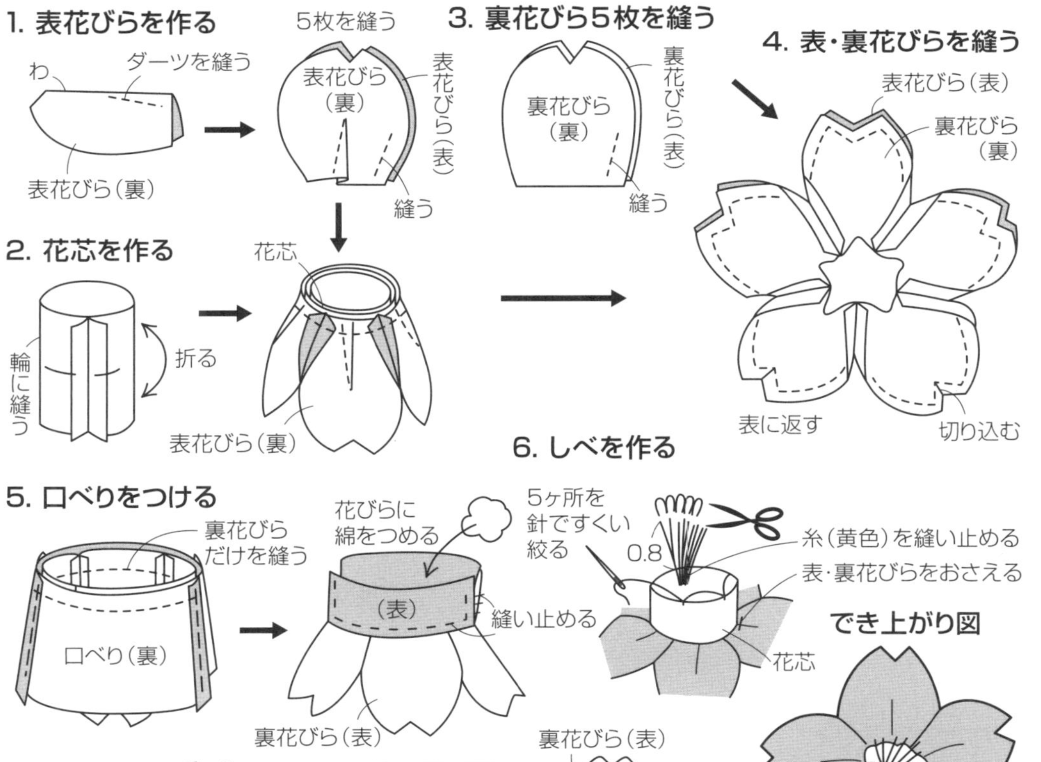

でき上がり図

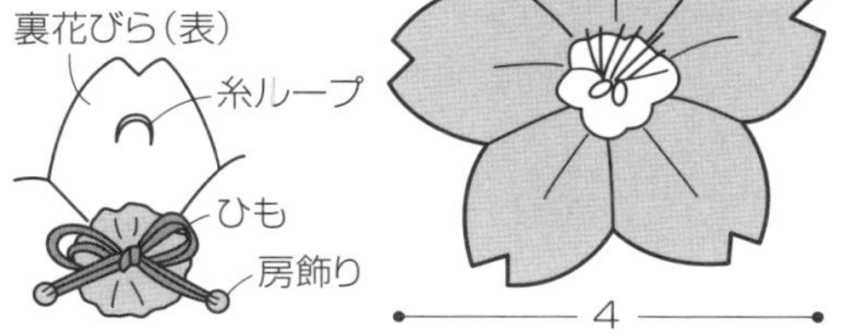

実物大型紙 ※指定以外縫い代0.5㎝つけて裁つ

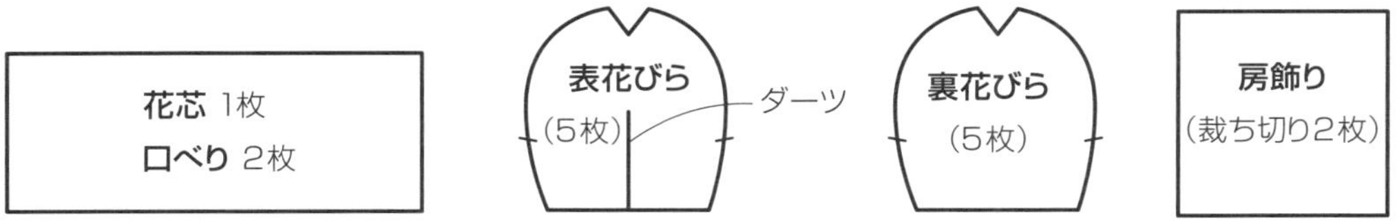

赤蕪の袋物(ミニ)

◎14、15ページの作品

■材　料

ちりめん…朱色無地10×5㎝、緑無地、柄各適宜、ひも20㎝、針金・化繊綿・刺しゅう糸朱色・ちりめん用カラー接着芯各適宜

■作り方

1　蕪の表布2枚を中表に合わせて縫う。
2　口べりを作る
3　蕪と口べりを縫う。
4　葉を3枚作る。
5　3に、葉を入れて口べりに縫い止める。
6　ひもを通して房飾りをつけて綿をつめる。
7　糸ループをつける。

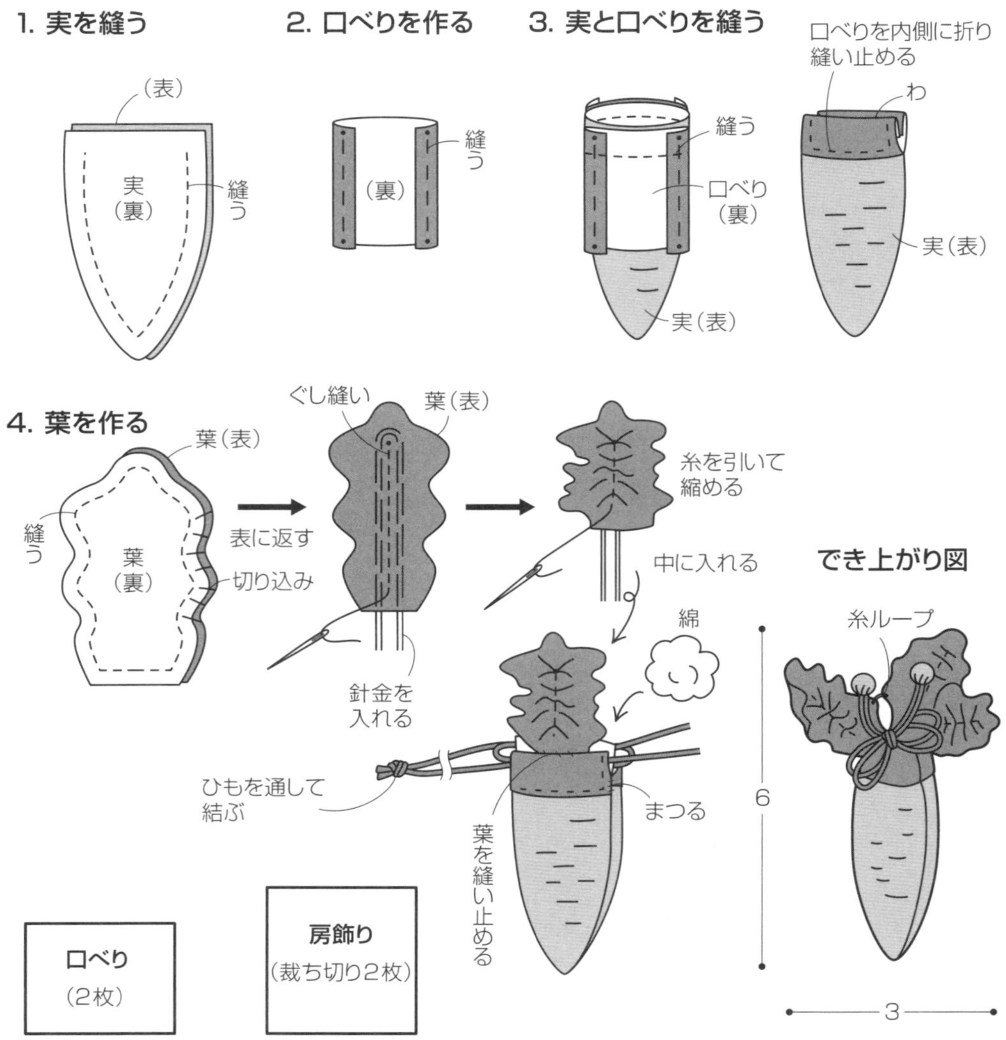

実物大型紙　※指定以外縫い代0.5㎝つけて裁つ

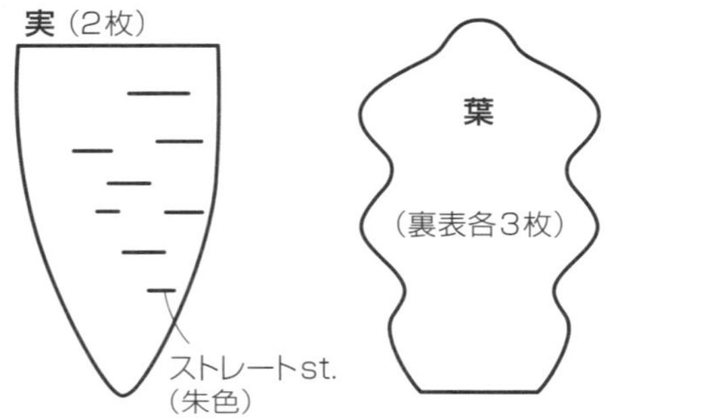

蕪の袋物(ミニ)

◎14、15ページの作品

■材　料

ちりめん…白無地8×4㎝、緑柄適宜、ひも20㎝、針金・化繊綿・ちりめん用カラー接着芯各適宜

■作り方

赤蕪を参照

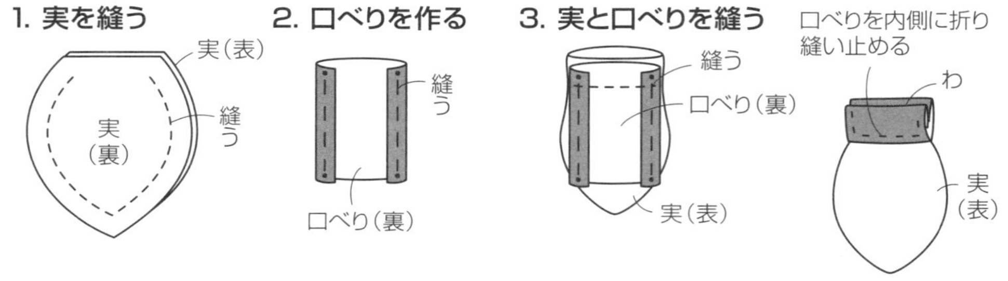

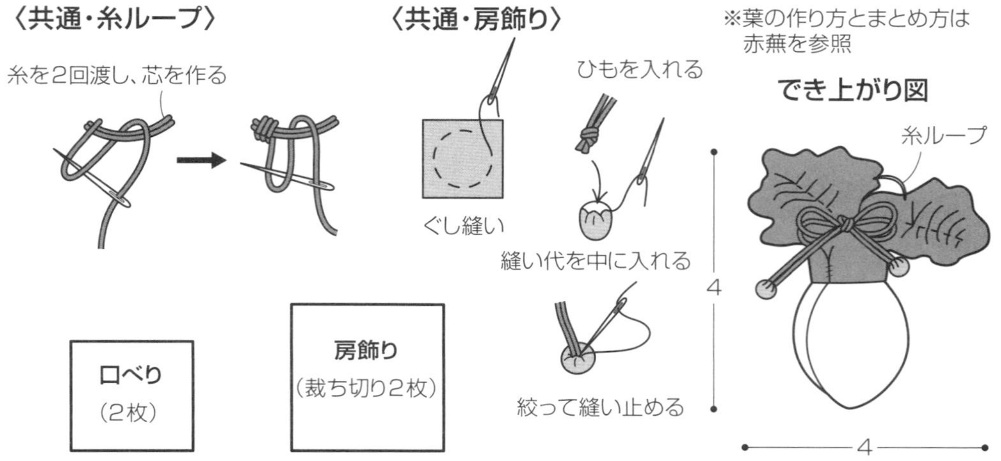

実物大型紙　※指定以外縫い代0.5㎝つけて裁つ

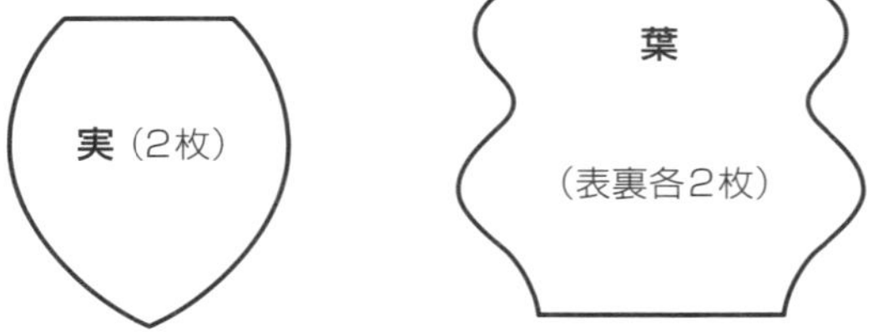

蜜柑の袋物（ミニ）

◎14、15ページの作品

■材　料

ちりめん…みかん色・白無地各15×5㎝、緑無地4×10㎝、薄みかん色無地8×8㎝、厚手接着芯・化繊綿・刺しゅう糸みかん色・ちりめん用カラー接着芯各適宜

■作り方

1　表皮と裏皮を3枚ずつ縫い合わせ、中表に縫う。

2、3、4　実、葉、底を作る。

5　皮の中に実を入れて縫い止め、葉をはさんで底をつけて、糸ループをつける。

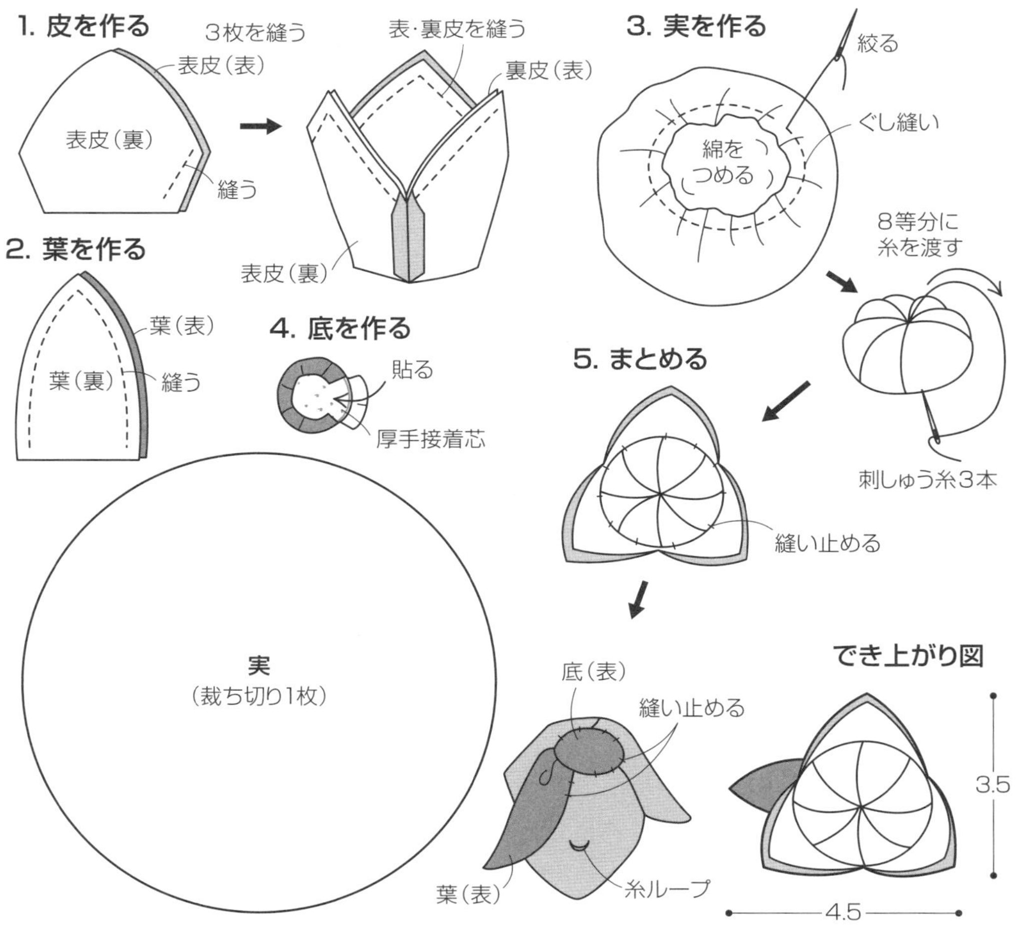

実物大型紙

※指定以外は縫い代0.5㎝つけて裁つ

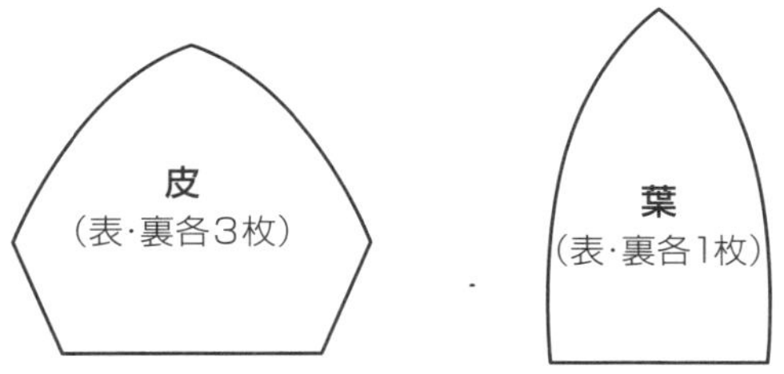

苺の袋物（ミニ）

◎14、15ページの作品

■材　料

ちりめん…赤鹿の子12×12㎝、緑無地12×6㎝、ひも30㎝、化繊綿・ちりめん用カラー接着芯各適宜

■作り方

1　実を半分に折り、一辺を縫い三角にする。

2　口べりを作る。

3　実に口べりを縫いつける。

4　ひもを通し、房飾りをつけて綿をつめる。

5　ひもを一結びしてループを作り、左右のいちごの口側につける。

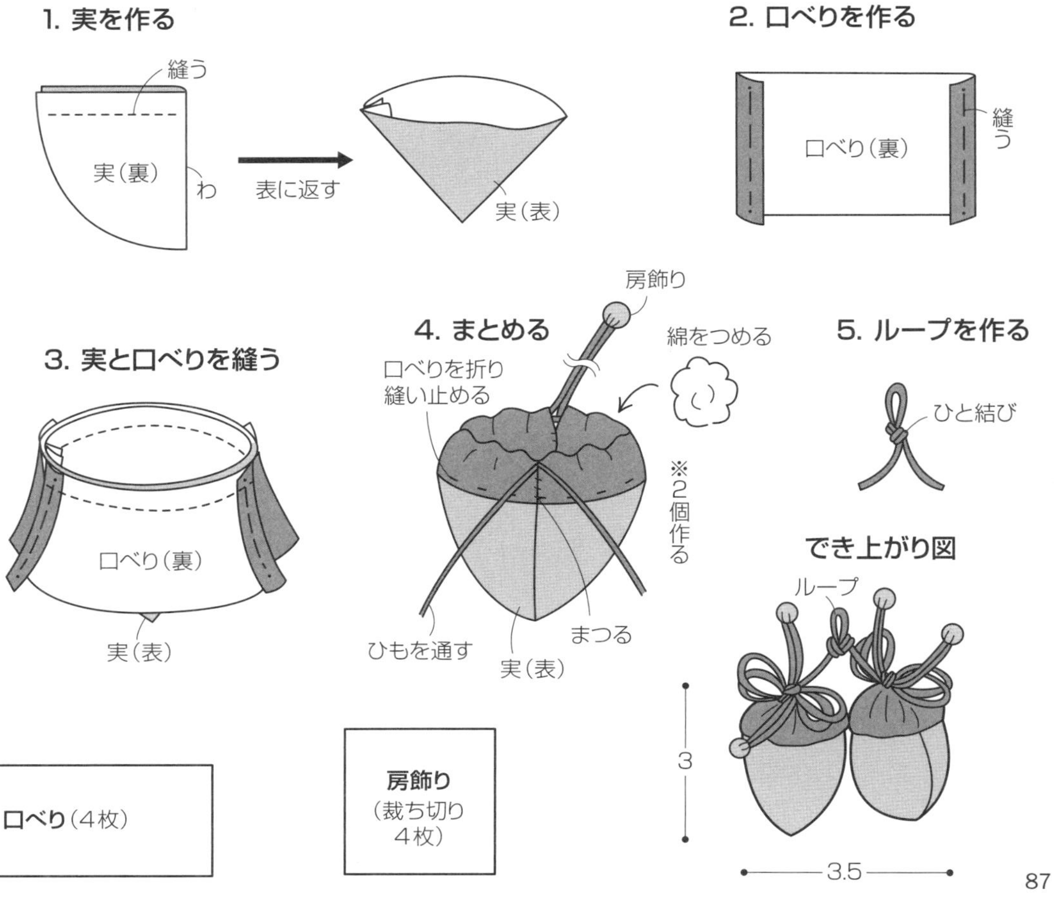

実物大型紙

※指定以外は縫い代0.5㎝つけて裁つ

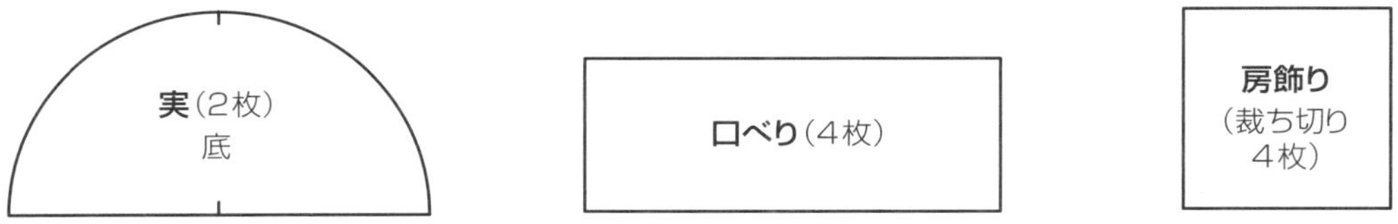

お正月のつり飾り ◎12、13ページの作品

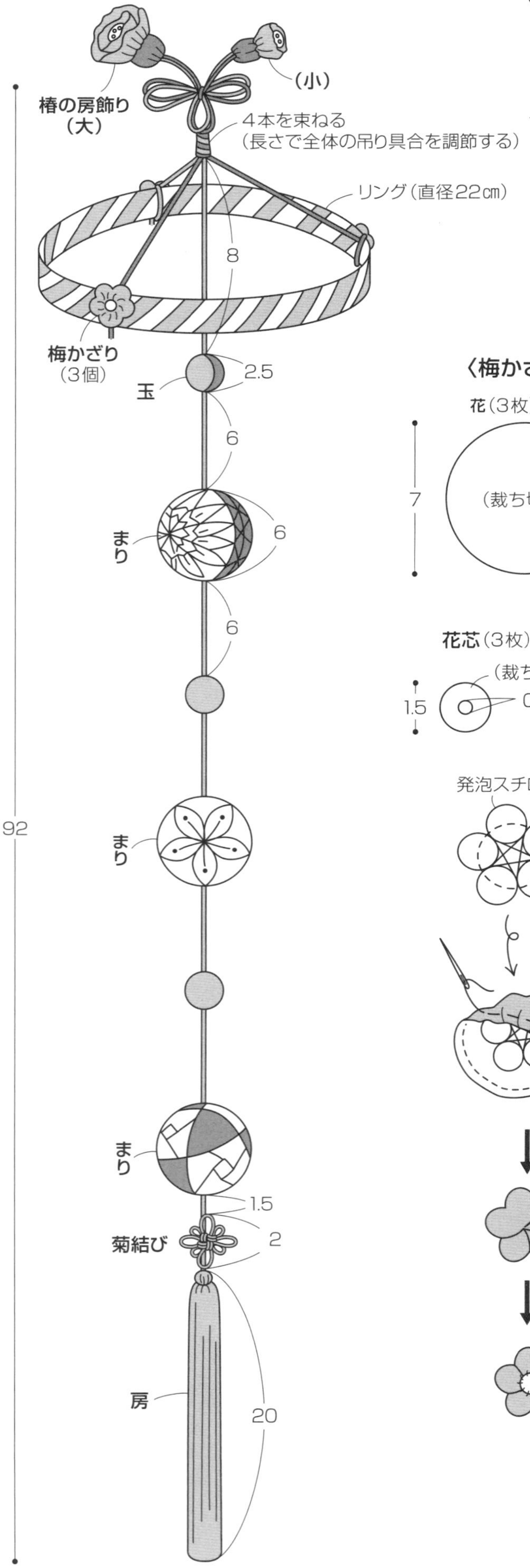

〈リングの作り方〉 赤･白のバイアス布を巻く

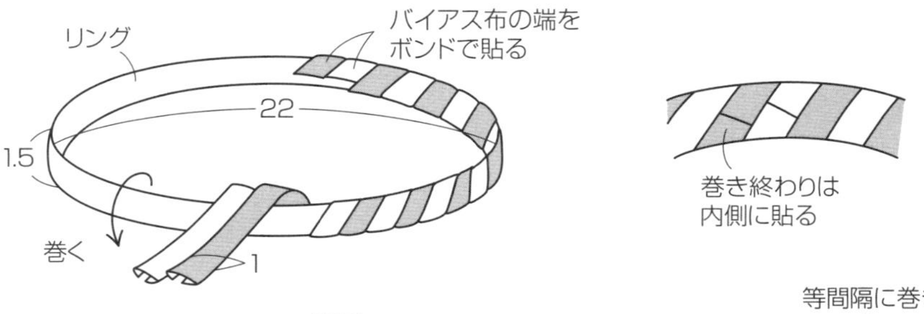

〈梅かざり〉

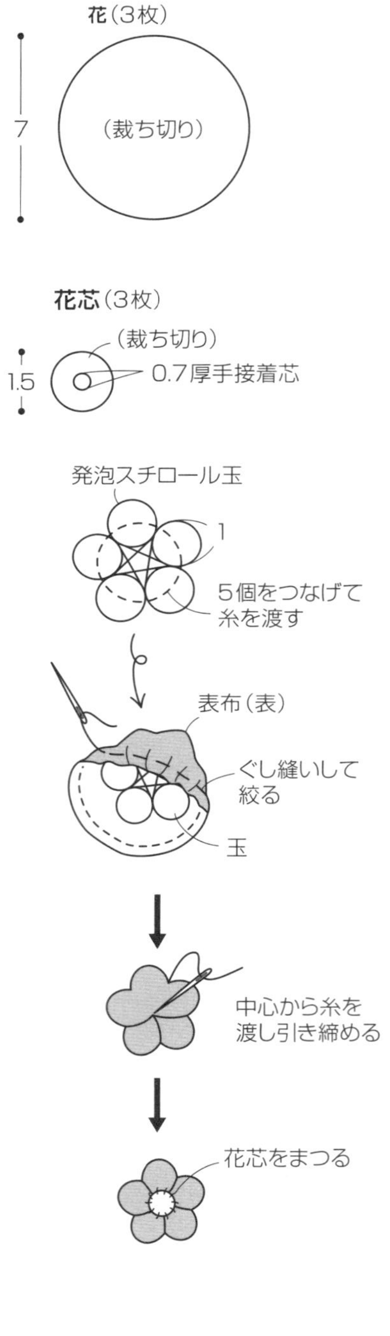

〈連〉

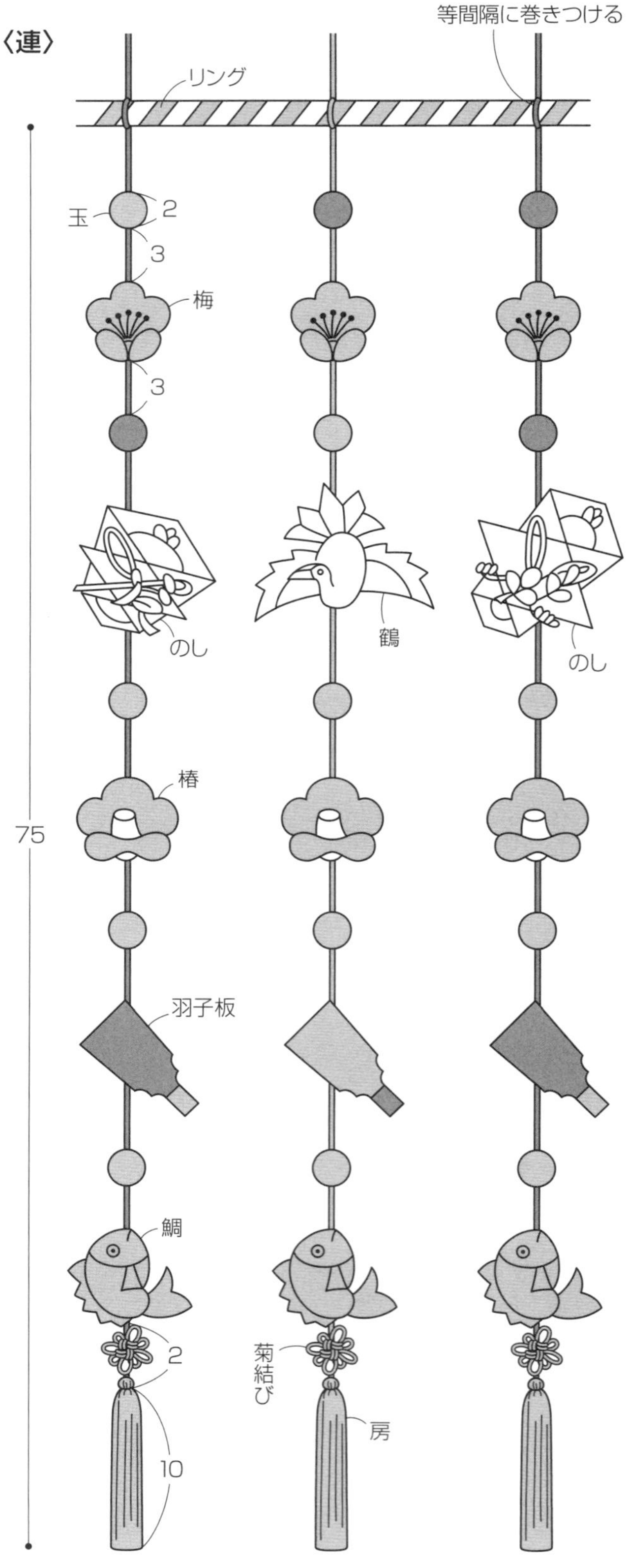

〈椿の房飾り〉

※(　)の中の数字は(小)のサイズ
※すべて裁ち切り

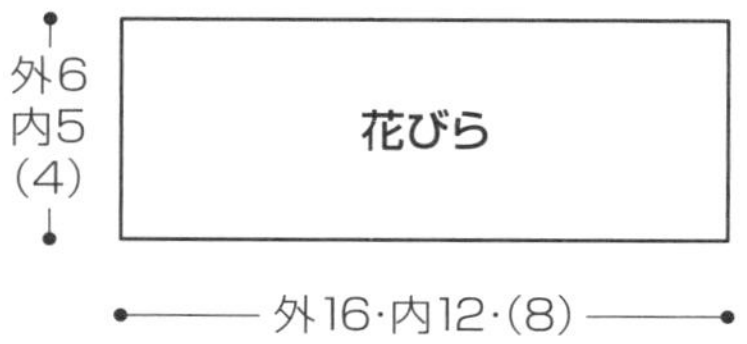

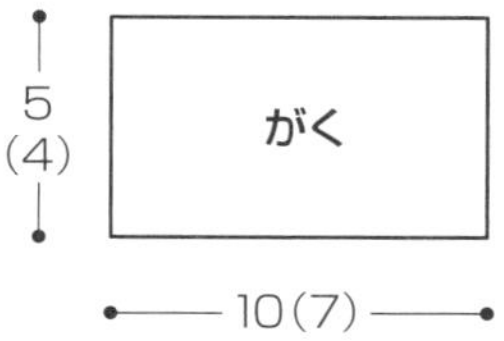

花芯

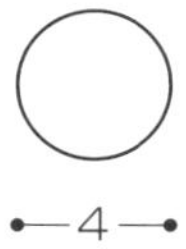

花芯を作る

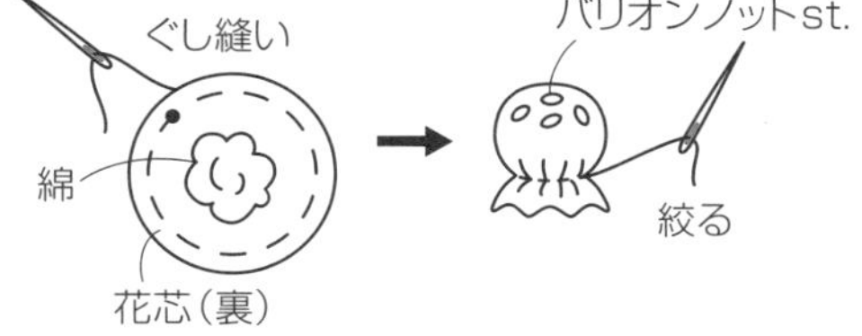

花びらを作る

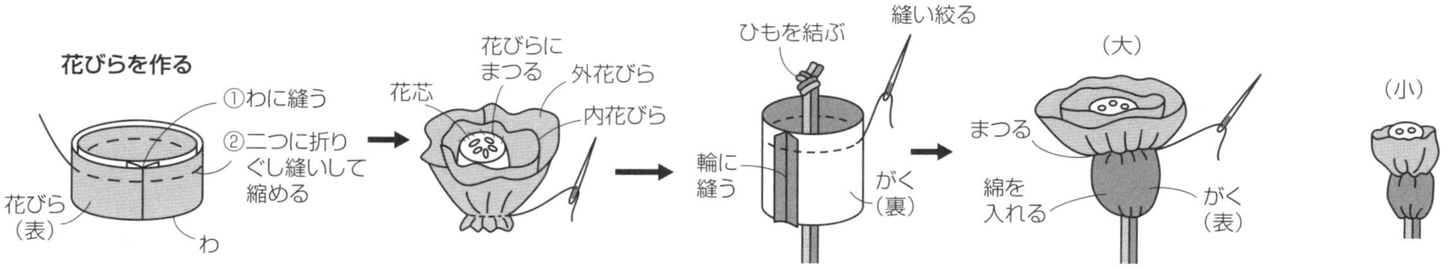

〈まりの作り方〉

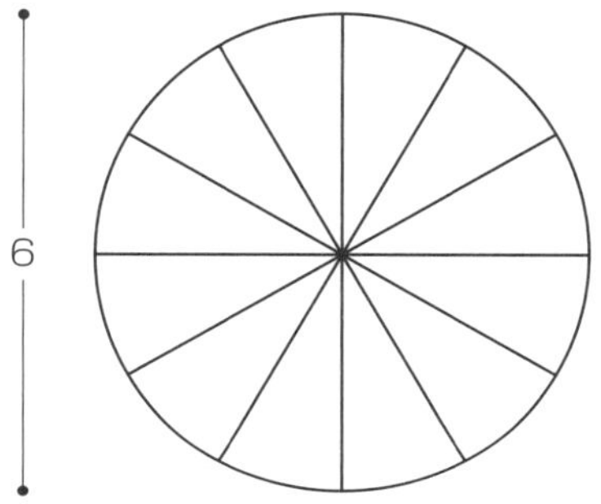

1. まりをたて12分割にする

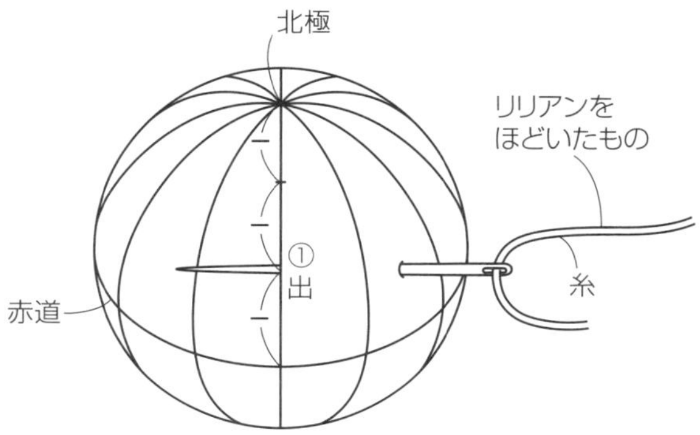

2. 分割線の左側から糸を出す

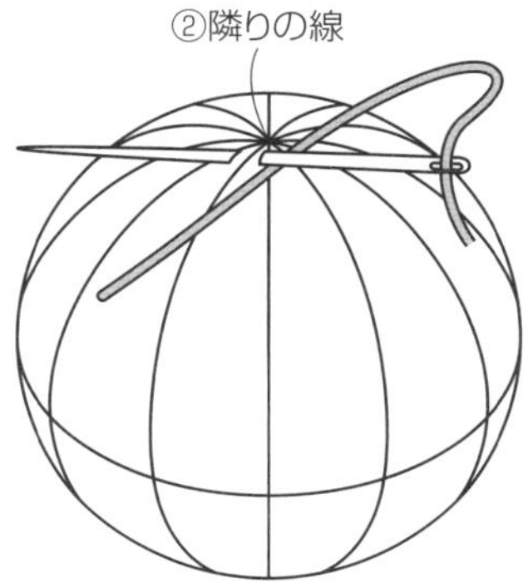

3. 隣の分割線の北極近くをすくう

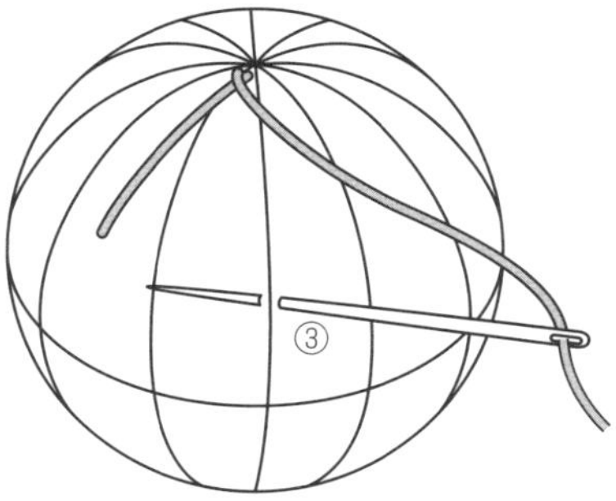

4. 隣りの分割線の③をすくい
くりかえし1周する

5. 色を変えて隣りの分割線から出し
同じ様に1周する

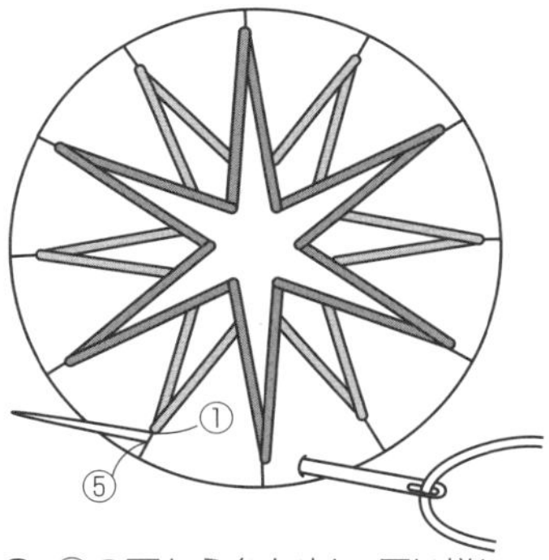

6. ①の下から糸を出し、同じ様に
刺して1周する　くり返す

7. 刺し終わり。最後の1周は
ラメ糸で刺す

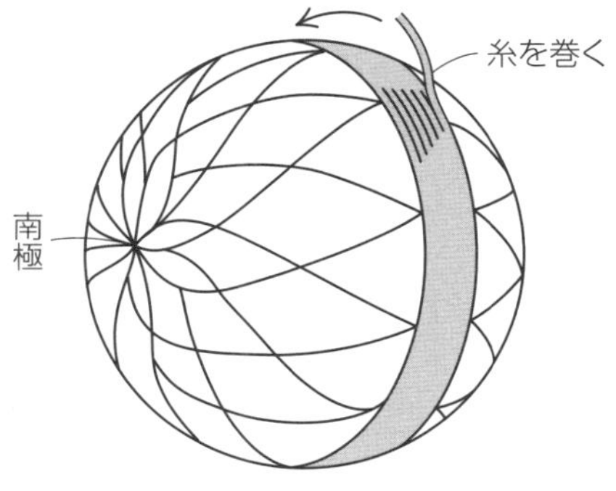

8. 南極側に同じように花を刺す
赤道に糸を巻く

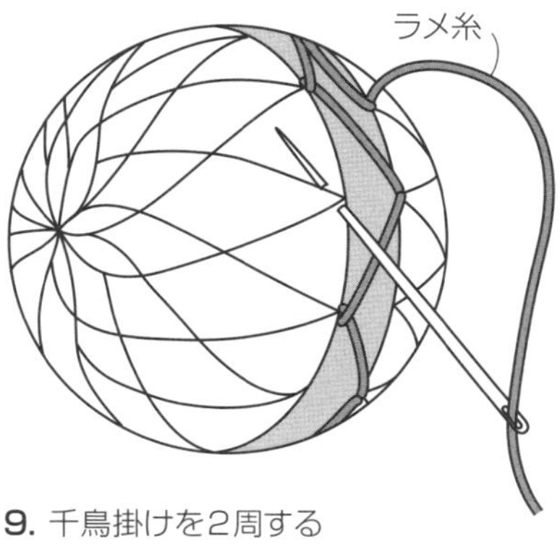

9. 千鳥掛けを2周する

押絵・実物大型紙

のし（春の七草から）

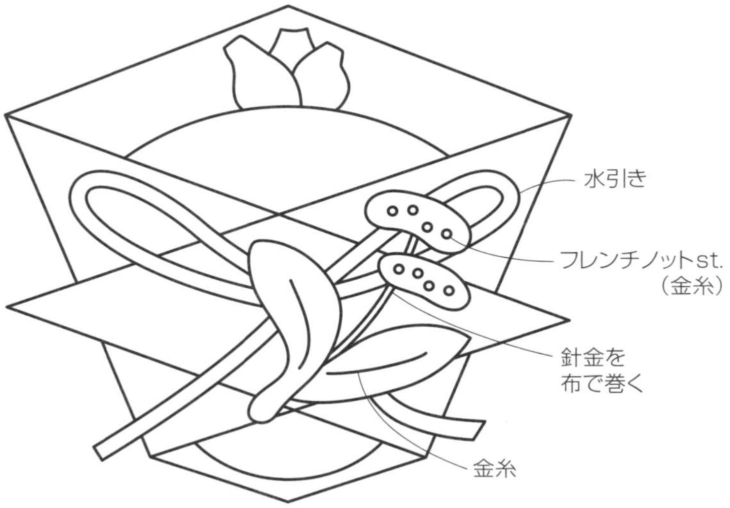

のし（春の七草から）

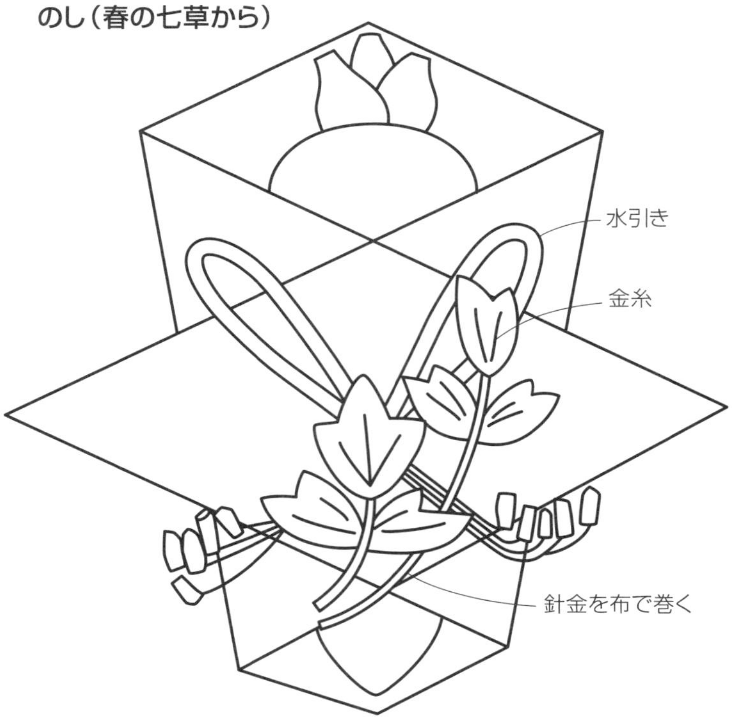

鶴

羽子板

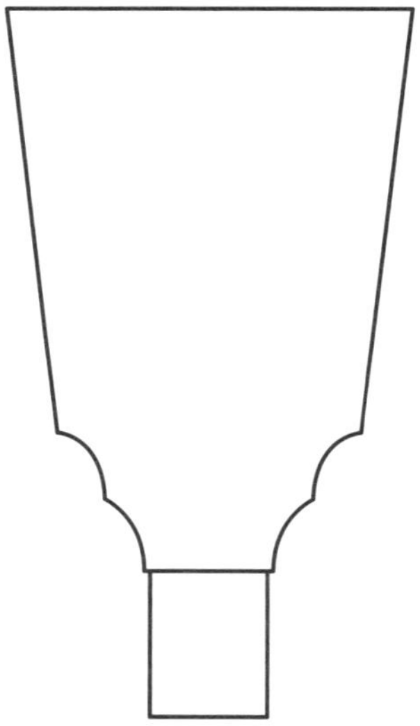

鯛

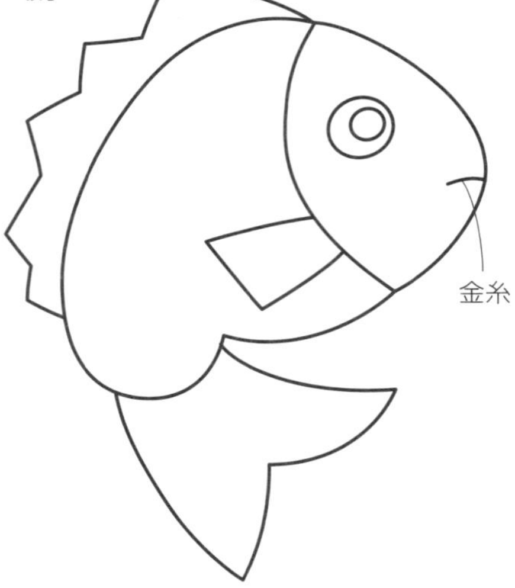

梅

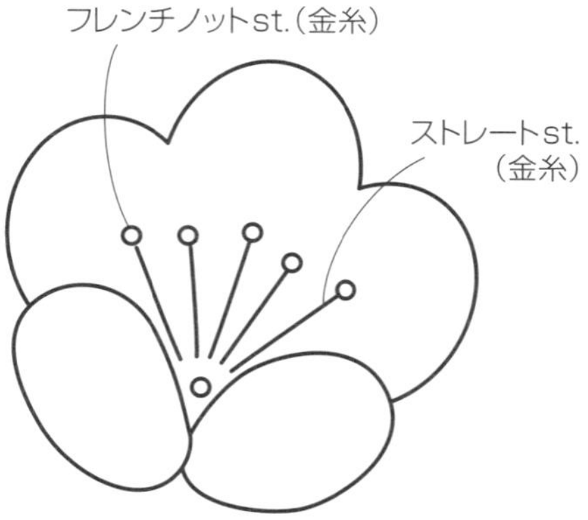

椿

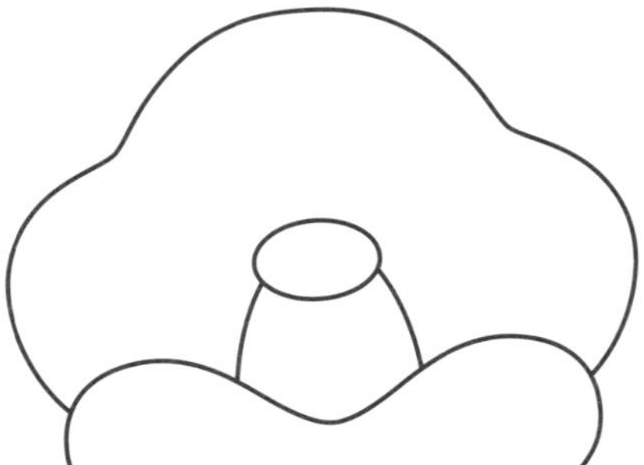

基本的なひも結び

菊結び

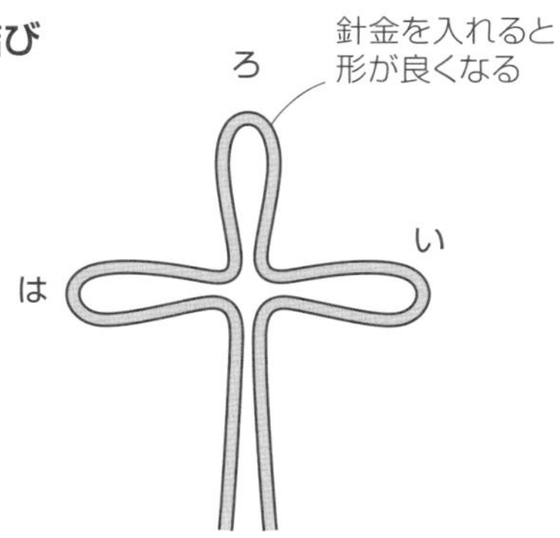

①輪い、ろ、はを作り十字型にして、下のひも2本をいとろの間に移す

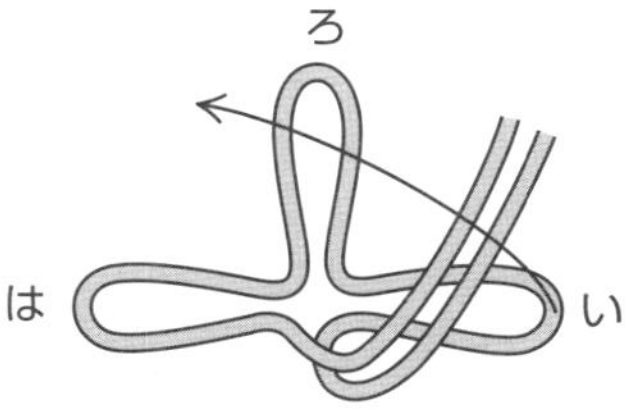

②いの輪をろとはの間に移す

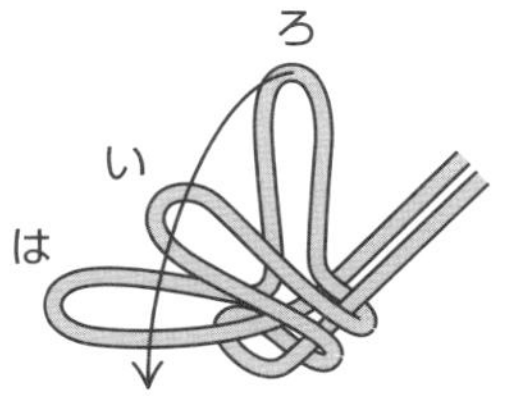

③ろの輪をはの下に移す

④はの輪を矢印の方向に引き出す

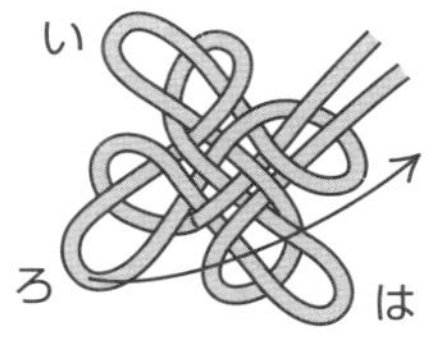

⑤ろの輪をややしめて形を整え、矢印の方向に移す

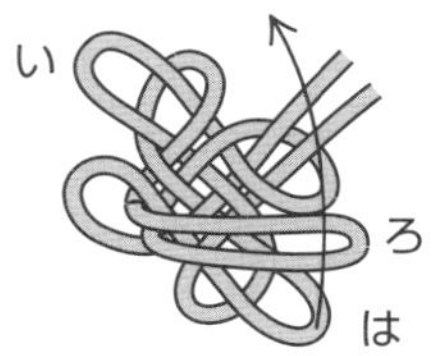

⑥はの輪をややしめて形を整え、矢印の方向に移す

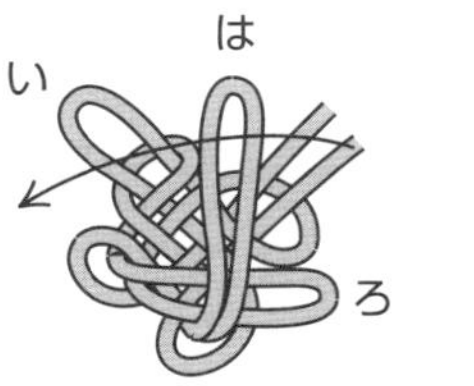

⑦ひも端をはの輪に重ねて矢印の方向に移す

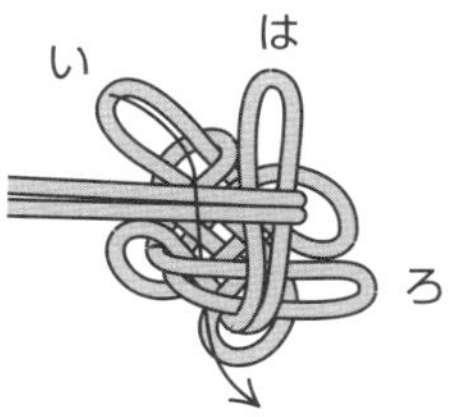

⑧いの輪を図のようにろの輪に通し引き出す

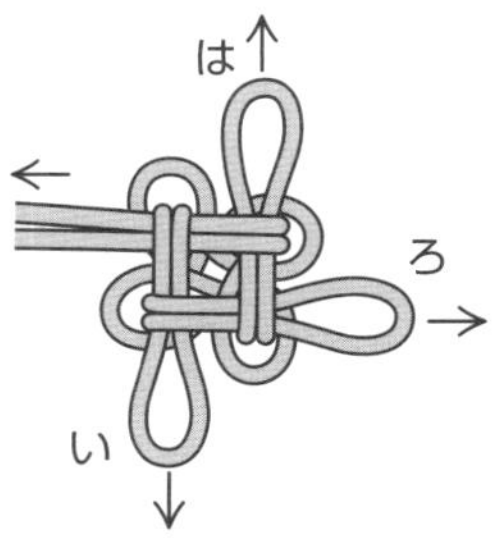

⑨い、ろ、は、ひも2本を矢印の方向に引きしめる

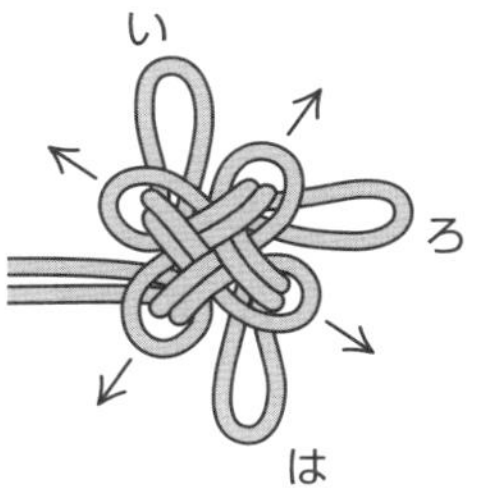

⑩表に返して残りの輪も引きしめる

⑪でき上がり

几帳結び

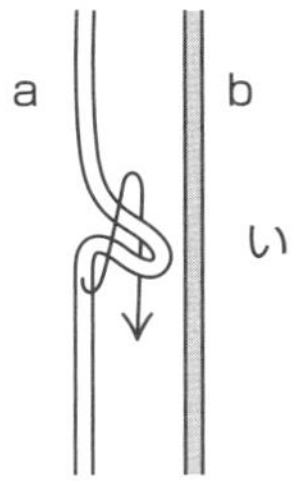

①2本のひもを平行に並べaの内側に輪いを作る

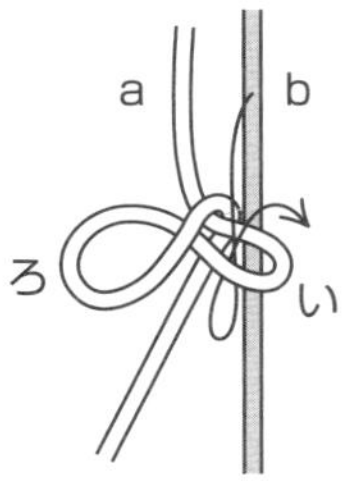

②aを輪いに手前からかけ、輪ろを作る

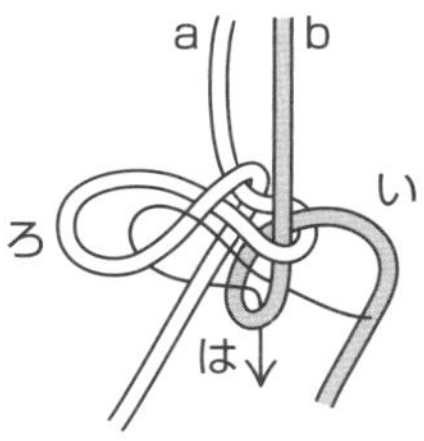

③bを輪いに通して輪はを作りbを輪は、ろ、はに通す

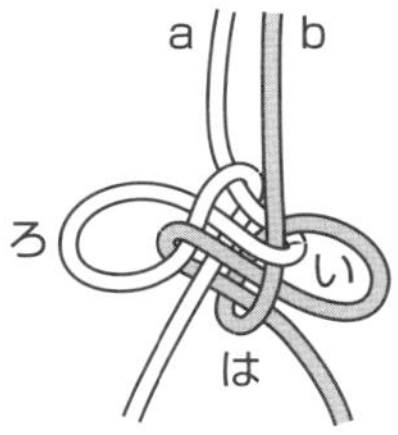

④結び目を指で押さえ引きしめて形を整える

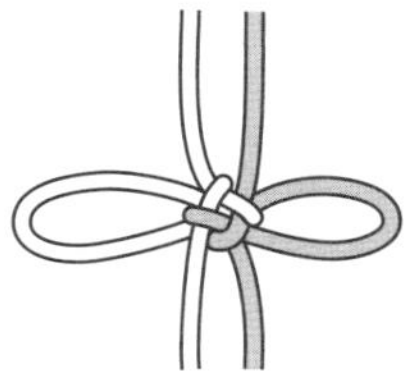

⑤でき上がり

房のつけ方

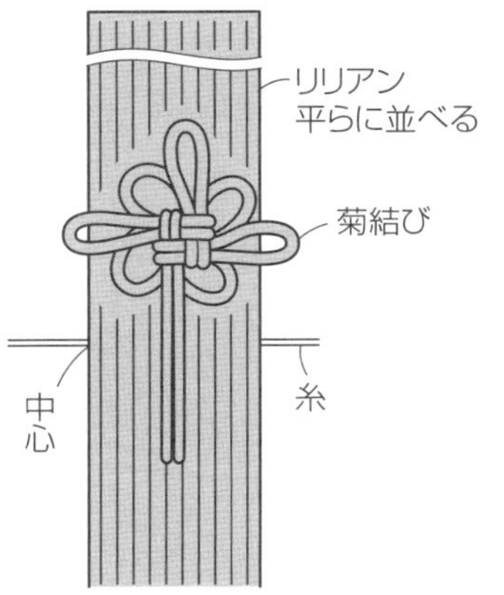

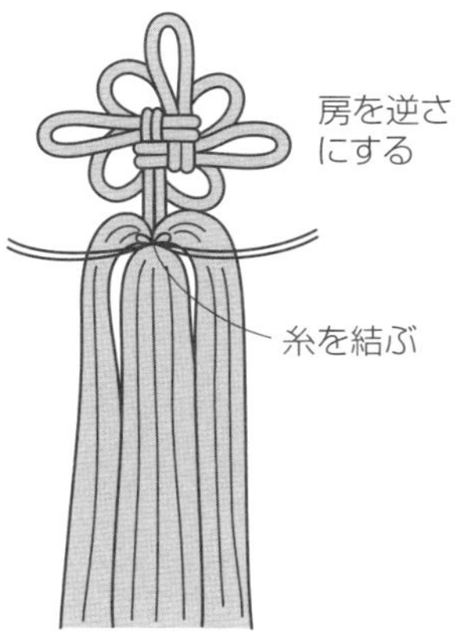

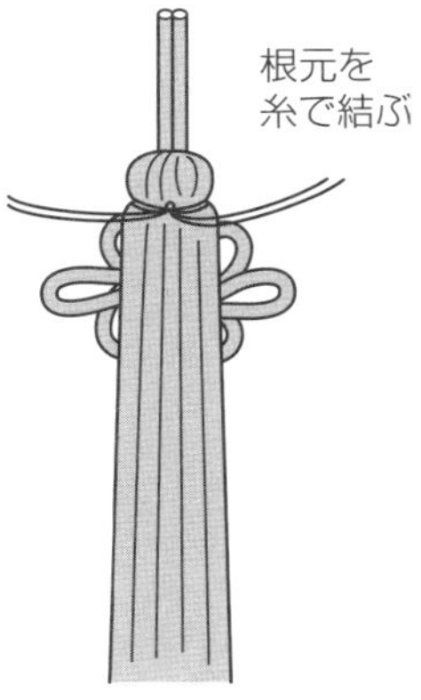

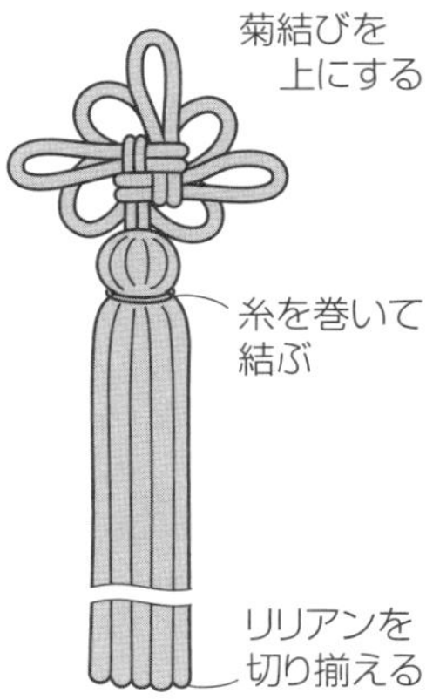

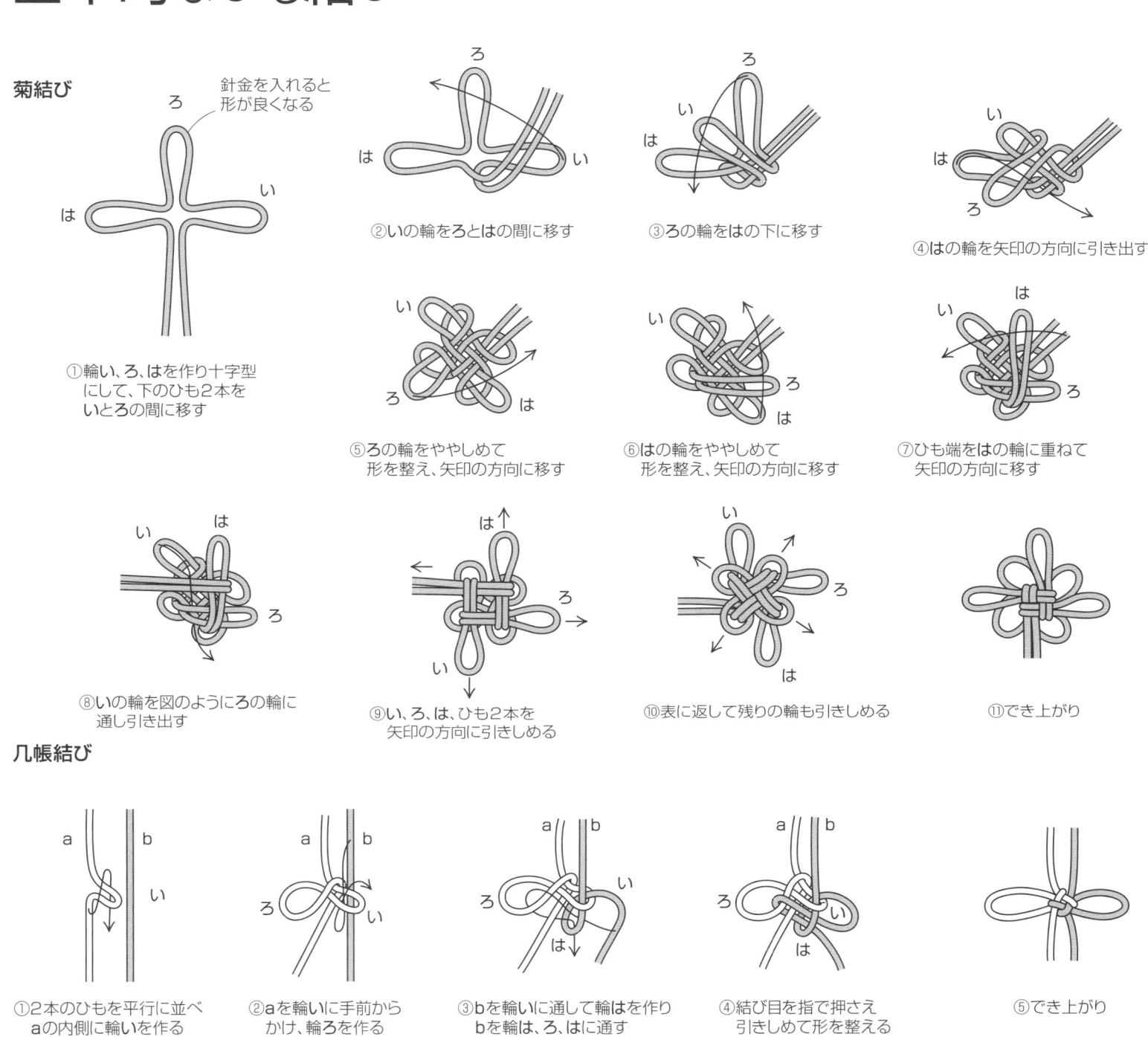

竜 ◎15ページの作品

■材　料

ちりめん…黒柄30×25㎝、グレー無地40×20㎝、黒無地・白無地・茶無地各適宜、底板4×3㎝、針金・両面接着芯・厚手接着芯・化繊綿・ちりめん用カラー接着芯各適宜

■作り方

※背びれと耳を先に作る。

1 胴（背）2枚に背びれをはさんで縫う。
2 耳を作り、1と頭にはさんで縫う。
3 腹にタックを取って折り山を縫っておく。
4 頭と口の中布を中表に縫う。
5 タックをとった腹アイと胴（背）を中表に縫う（返し口は後ろ側に作る）。
6 表に返して綿をつめ、底板を入れて返し口をまつる。
7 尾、目、角、ひげを作ってつける。

1. 胴（背）に背びれをはさんで縫う

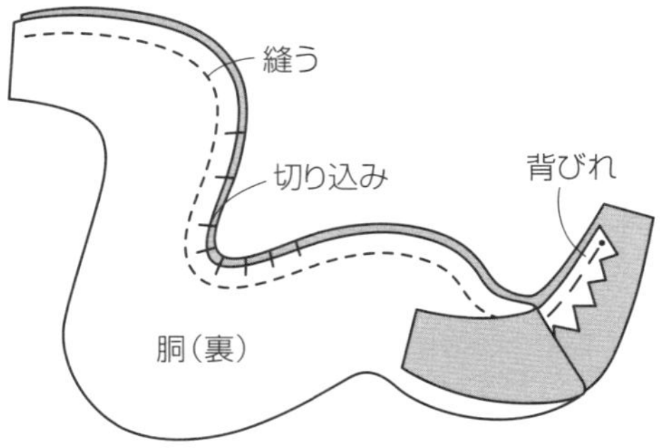

2. 頭と胴（背）を中表に縫う

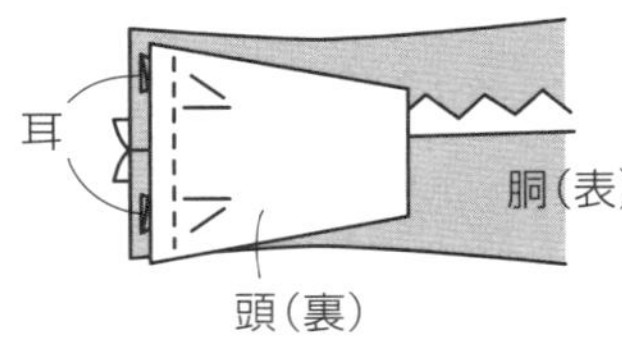

4.

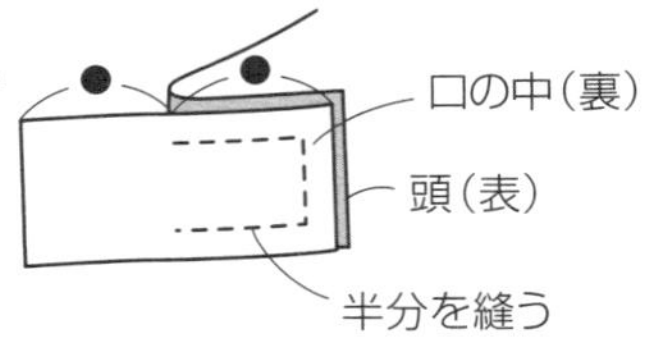

3. 腹にタックをとって縫う

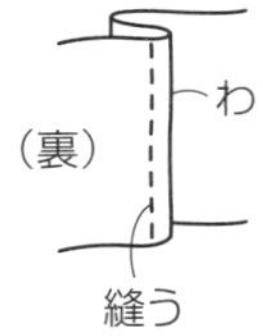

5. 胴（背）と腹を返し口を残して縫う

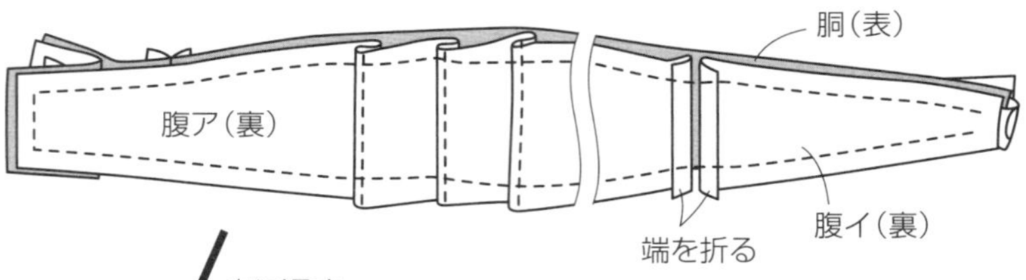

6.

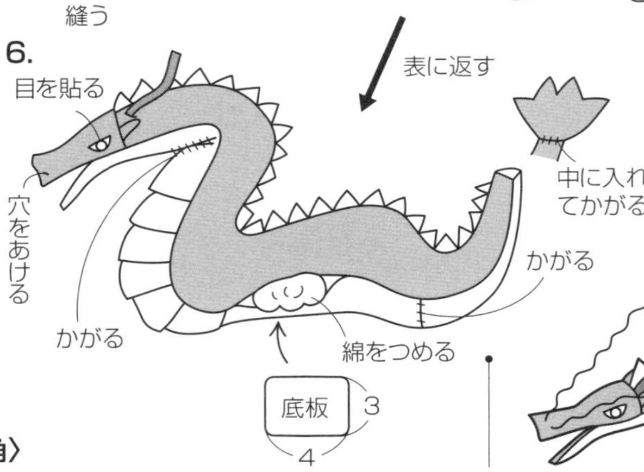

7. 尾を作る

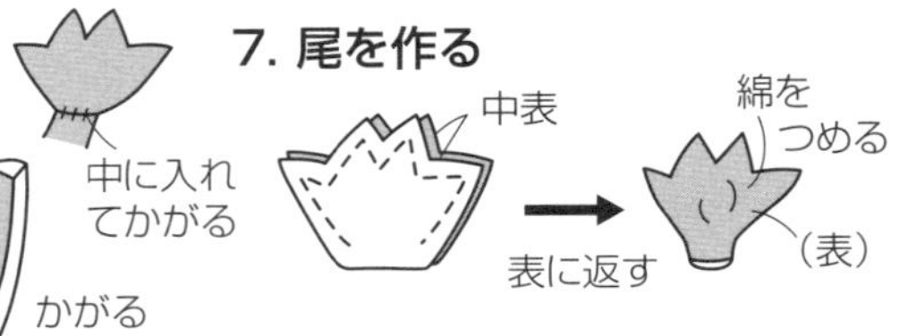

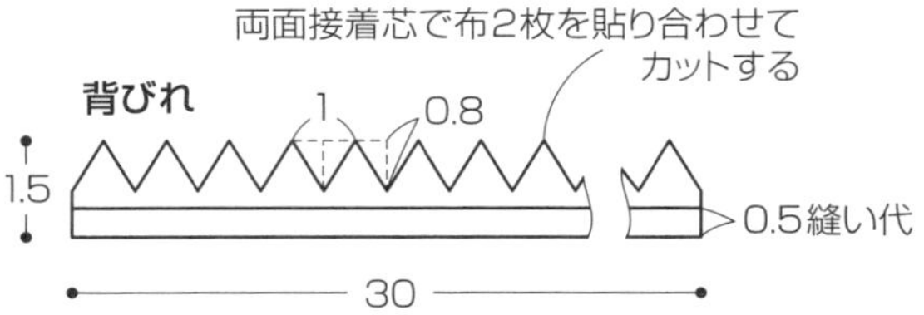

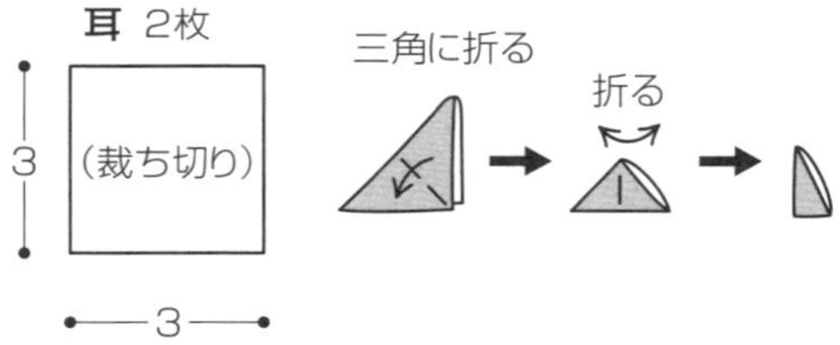

〈角〉

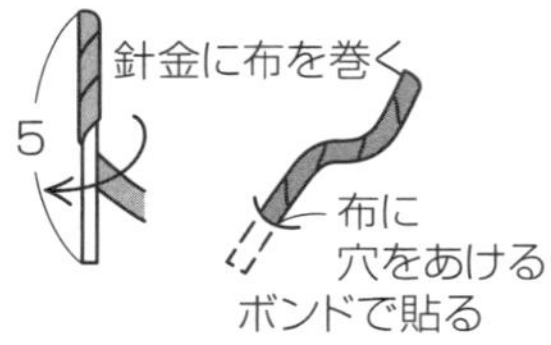

でき上がり図

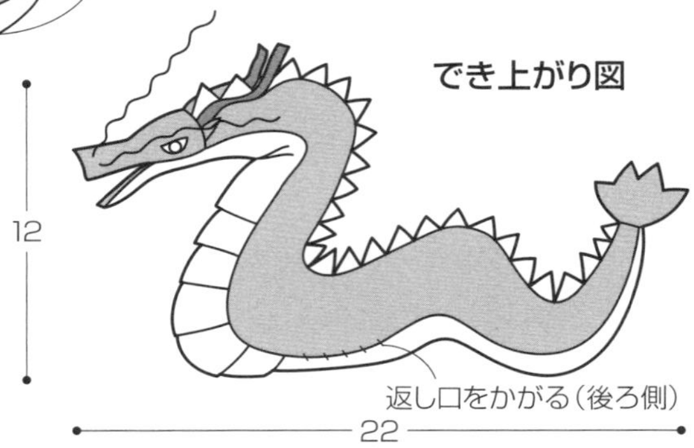

竜実物大型紙 ※縫い代0.5㎝つけて裁つ

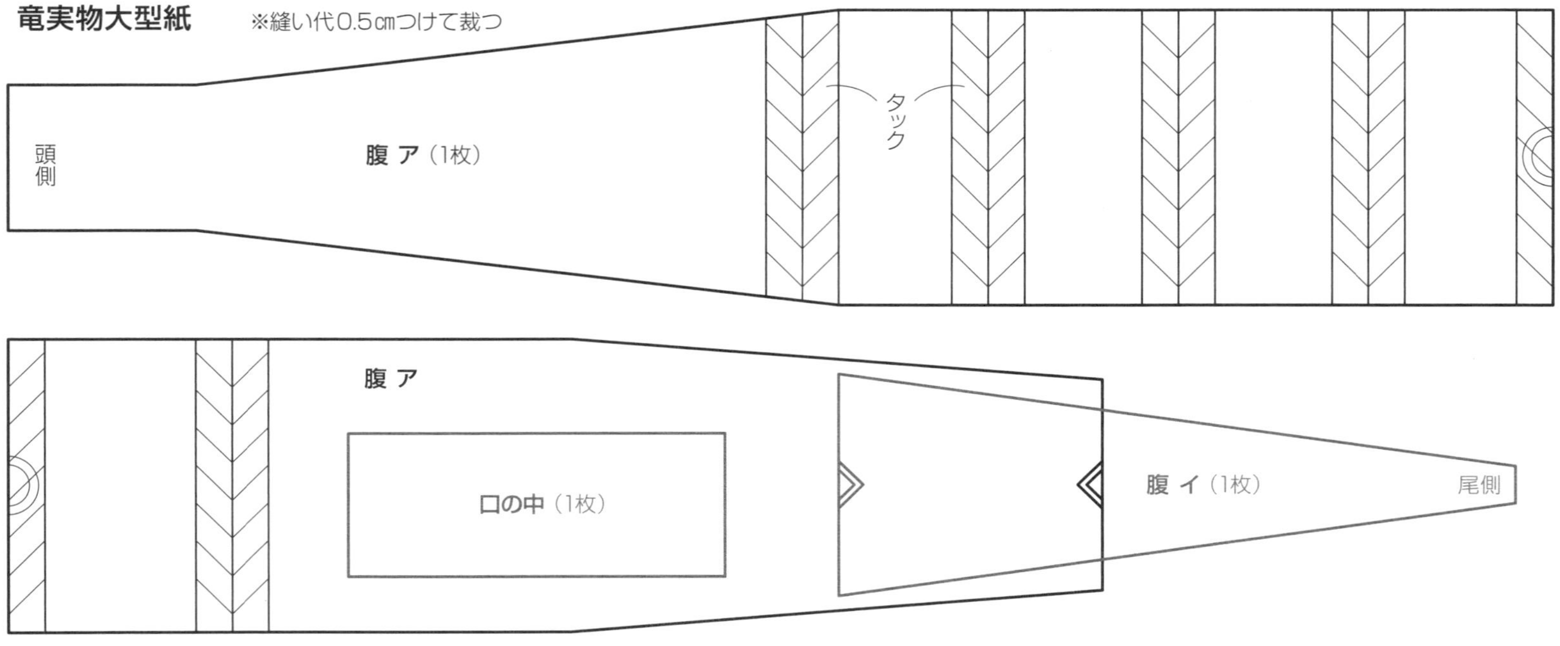

花菖蒲実物大型紙（39ページの作品）

※のり代0.3～0.5㎝つけて裁つ

竜実物大型紙

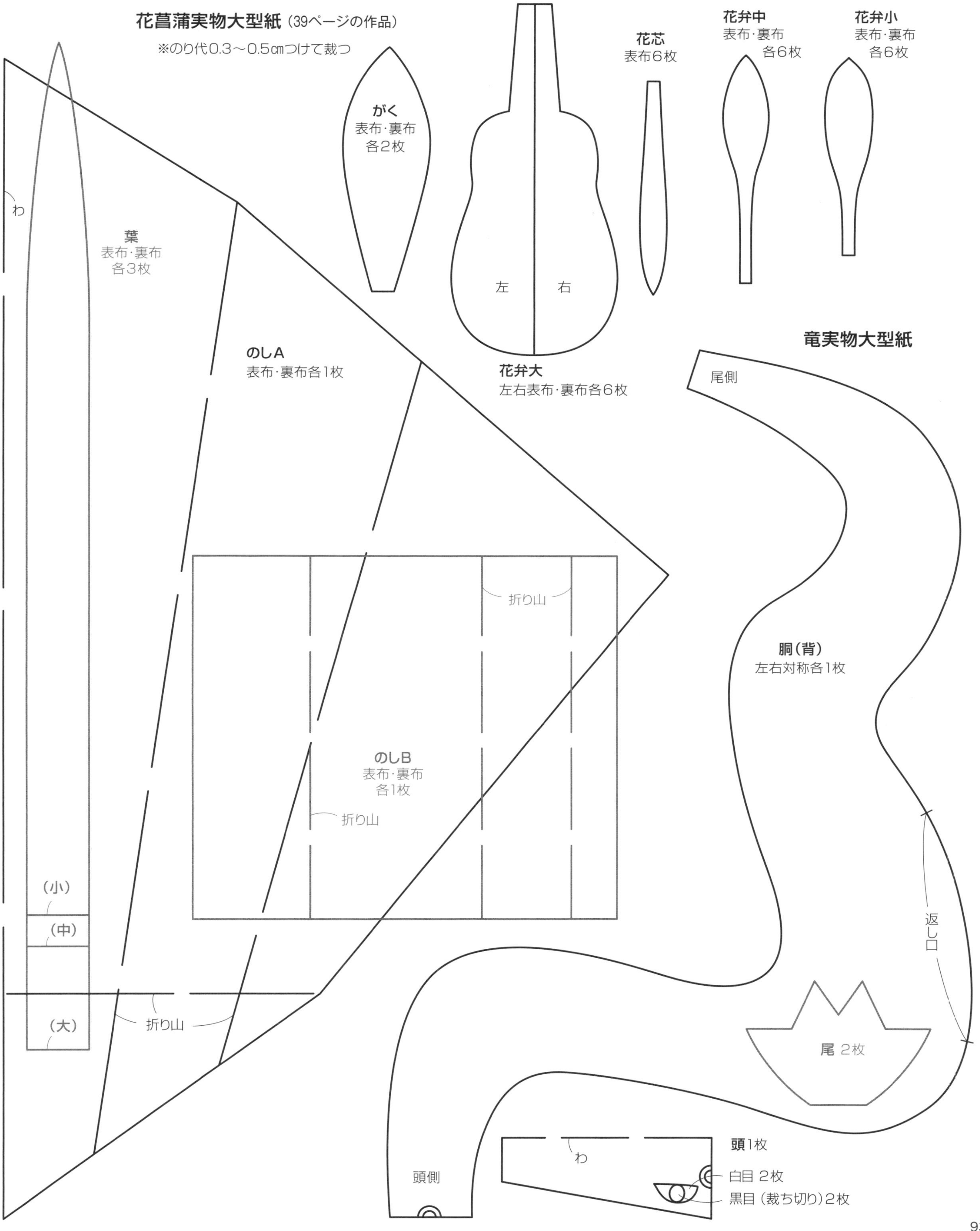

うさぎのお内裏様とお雛様

◎18ページの作品

■材　料

ちりめん…（女雛）朱色無地 15 × 15㎝、菊柄 30 × 15㎝、アンティークかんざし。（男雛）水色柄 30 × 15㎝、黒柄 20 × 10㎝。（共通）白無地・ピンク無地・帯地・端切れ各適宜、厚手接着芯・接着芯・ひも・化繊綿・ちりめん用カラー接着芯各適宜

■作り方（女雛）

1 土台を作り、白ちりめんを貼る。
2 袖を作り着物上と縫い合わせて綿と手を入れる。
3 土台に衿・半衿と着物上を順番に重ねて巻いて貼る。衿の長さは調整してカットする。
4 女雛は着物下を作り 3 に着せて前で縫い止め、後ろにダーツを取って縫う。底土台に着物と同じ布を貼り、着物下に差し込んで貼る。
5 帯、帯あげ、ひもを巻いて貼る。
6 後ろ側に帯を結んで貼る。
7 耳を作って差し込み、目、口をつける。
8 男雛は着物の上に袢、袴を着せて貼る。長さを調節しながら着せる。

土台 女雛

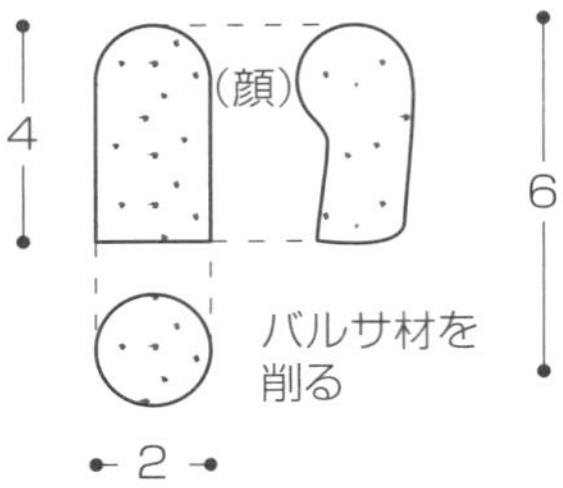

女雛着物（下）※縫い代0.5㎝つけて裁つ

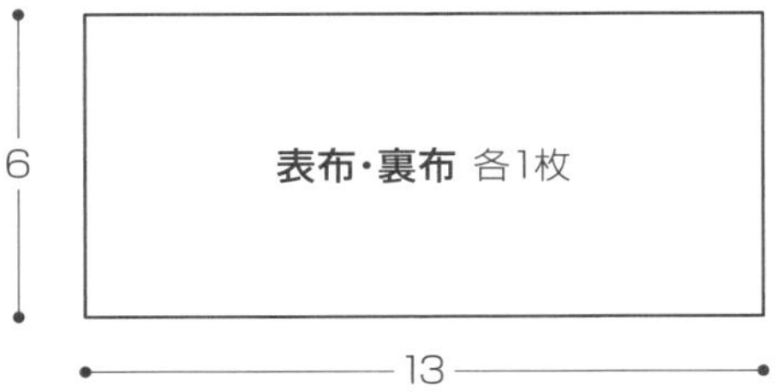

袖（左右対称各1枚）

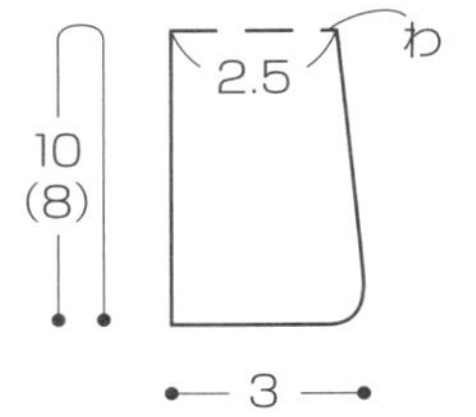

※(　)の中の数字は男雛のサイズ

〈袖〉

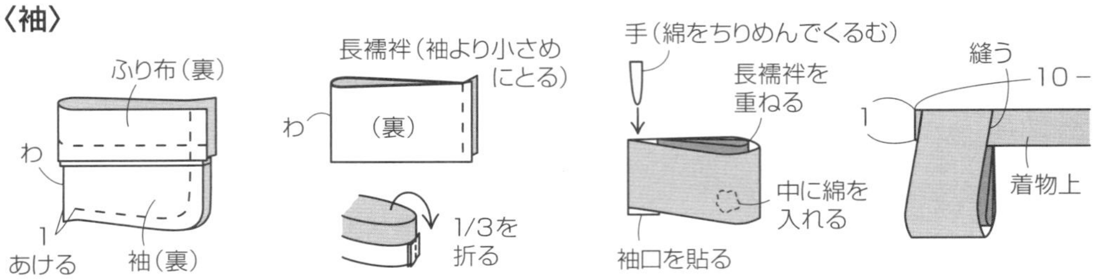

〈着物下〉

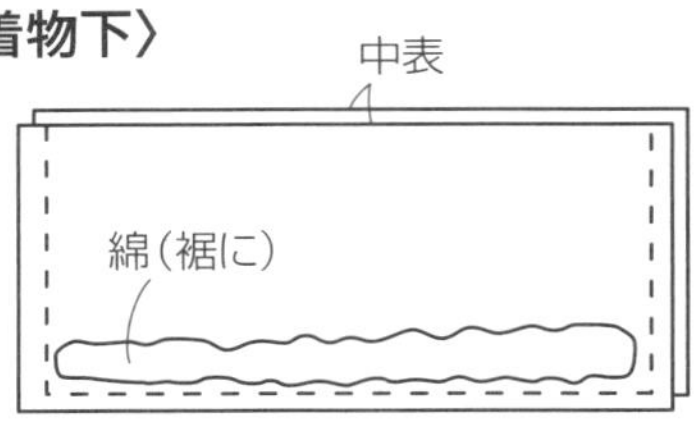

〈土台に着物を着せる〉

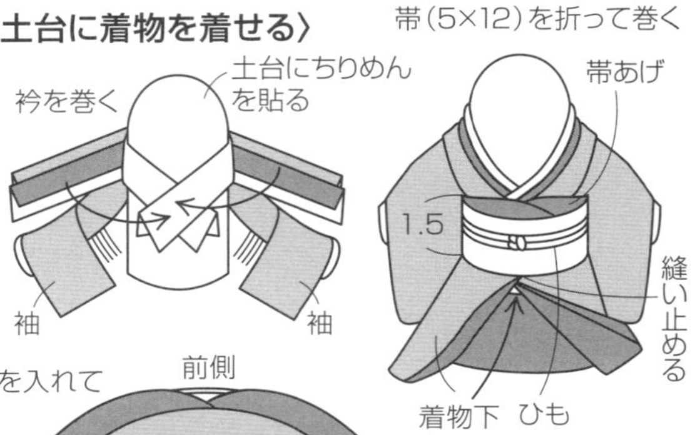

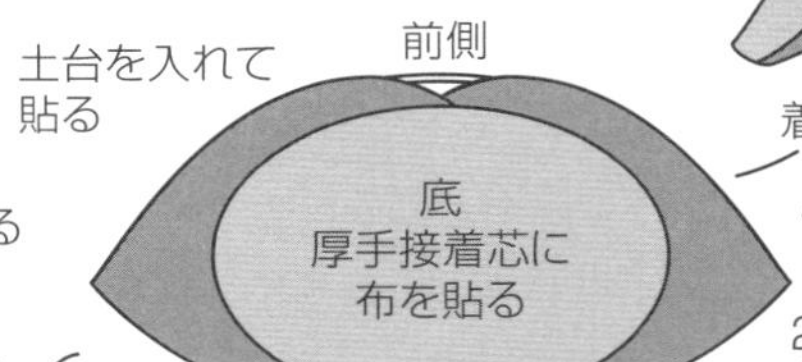

〈男雛に袢・袴を着せる〉

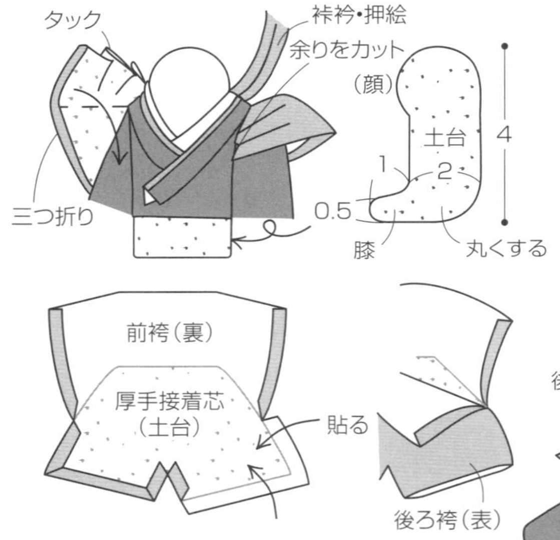

〈耳〉

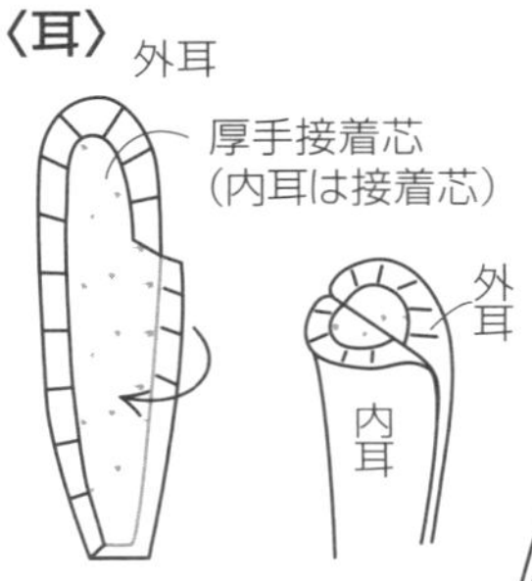

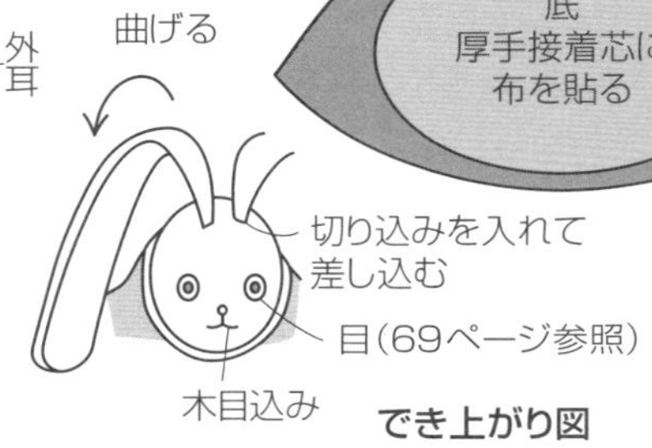

〈帯を結んで貼る〉

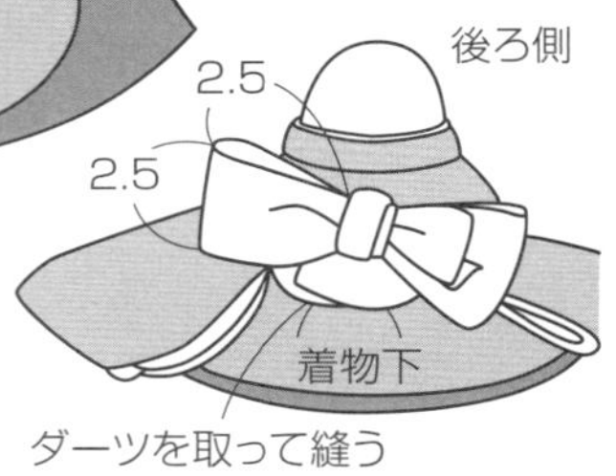

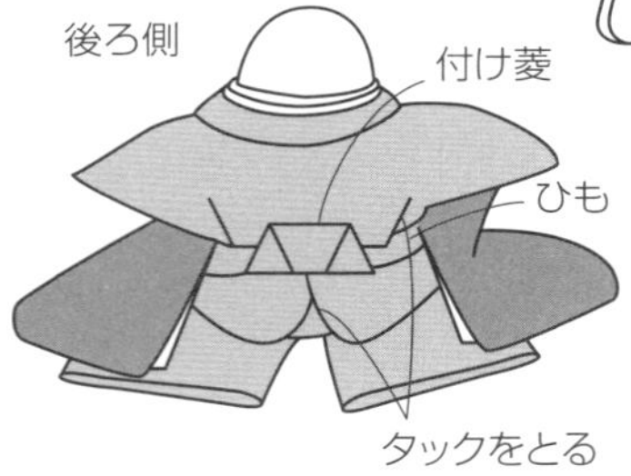

でき上がり図

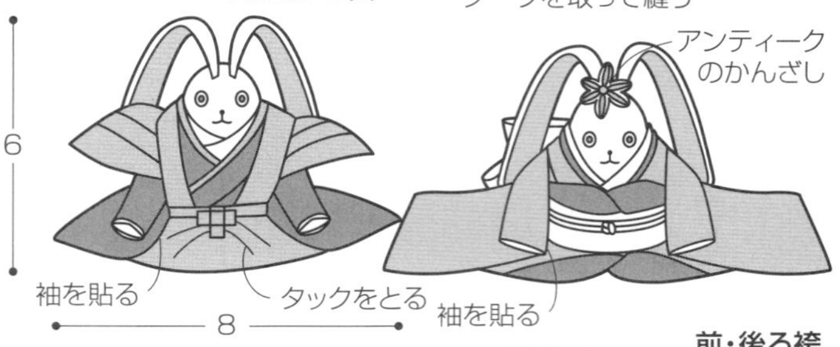

実物大型紙

※縫い代・のり代0.5㎝をつけて裁つ

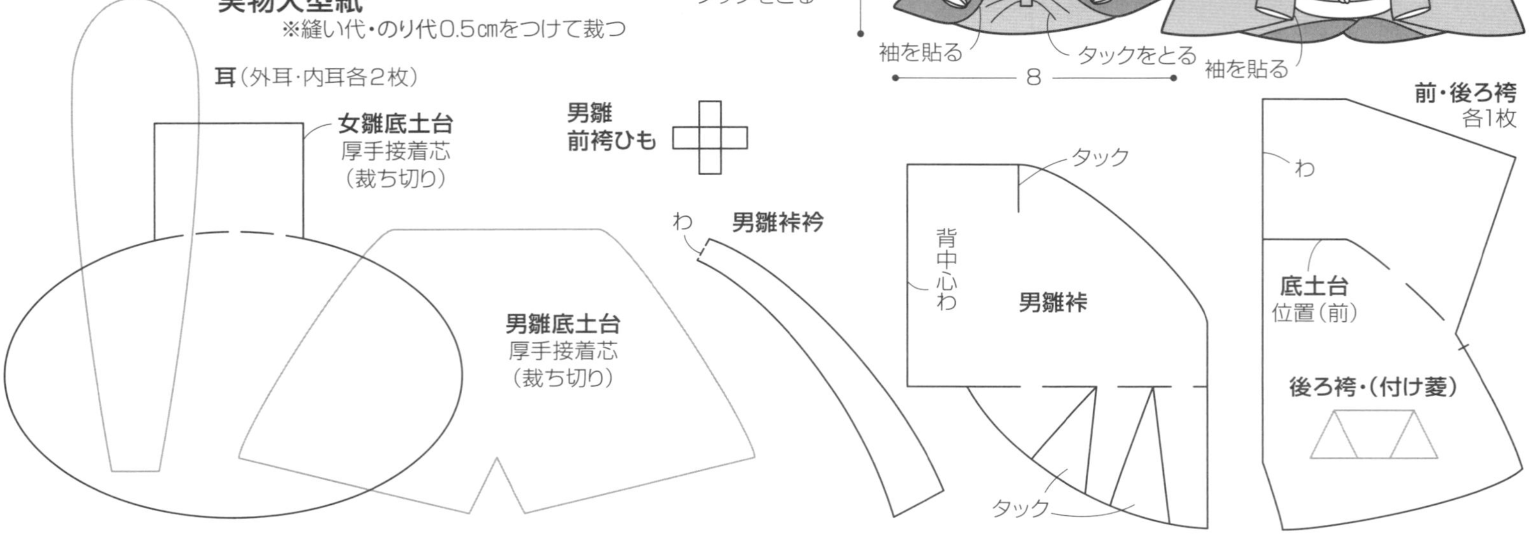

朝　顔　◎16、17ページの作品

■ **材　料**

ちりめん…青柄 25 × 15㎝、緑無地 30 × 10㎝、白無地適宜、ひも 80㎝、しべ用ひも 10㎝、穴糸・針金・両面接着芯・ちりめん用カラー接着芯各適宜

■ **作り方**

1　内花弁アとイを交互に縫い合わせて輪にする。
2　外花弁５枚を縫いつなぎ輪にする。
3　**1** と **2** を中表に合わせて輪郭を縫い、表に返す。
4　がく２枚を中表に印まで縫い、５枚を輪に縫う。
5　花弁にがくを重ね、口べりをつける。
6　ひもを引き違いに通し、つぼみと葉をひも先につける。

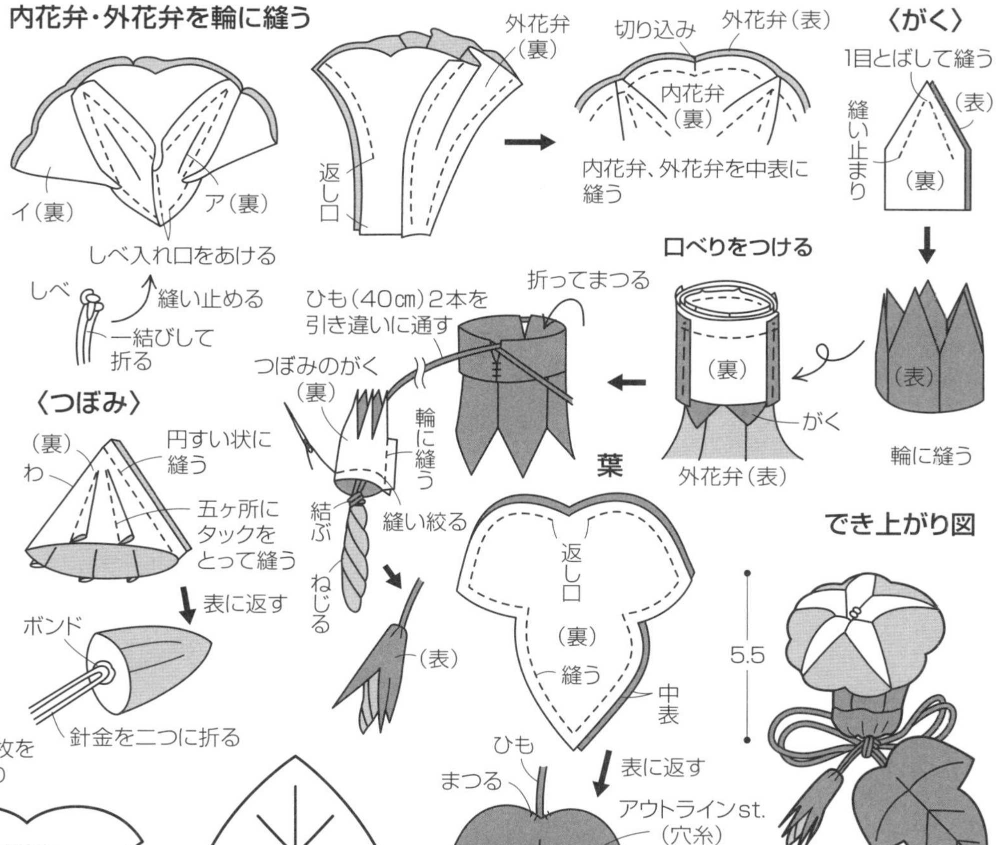

実物大型紙

※指定以外縫い代0.5㎝つけて裁つ

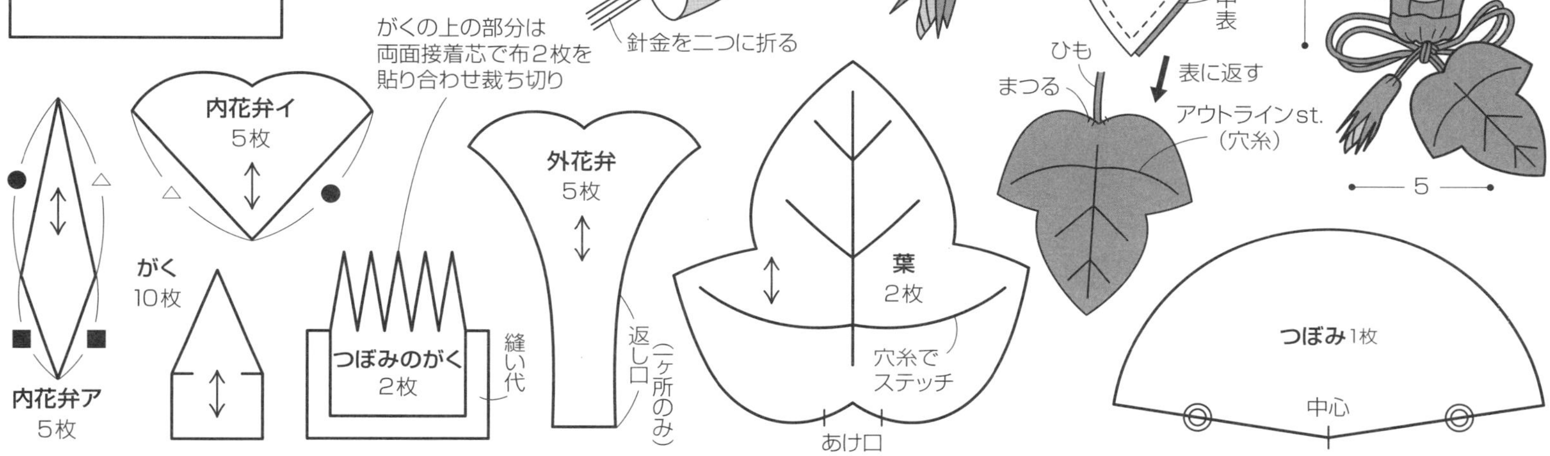

草　履　◎16、17ページの作品

■ **材　料**

ちりめん…赤柄 15 × 10㎝、茶無地 10 × 10㎝、端切れ適宜、キルト綿 20 × 20㎝、厚手接着芯・毛糸・ちりめん用カラー接着芯各適宜

■ **作り方**

1　厚手接着芯２枚の間にキルト綿をはさんで、後ろを少し高くして台を作り、側面を輪にした側面布で包んでまつる。
2　ループを作り鼻緒には毛糸を通しておく。
3　表（天）と底布に厚手接着芯を貼り、周囲をぐし縫いして縫い縮める。
4　鼻緒をつけ **1** にまつり、底も同様にまつる。

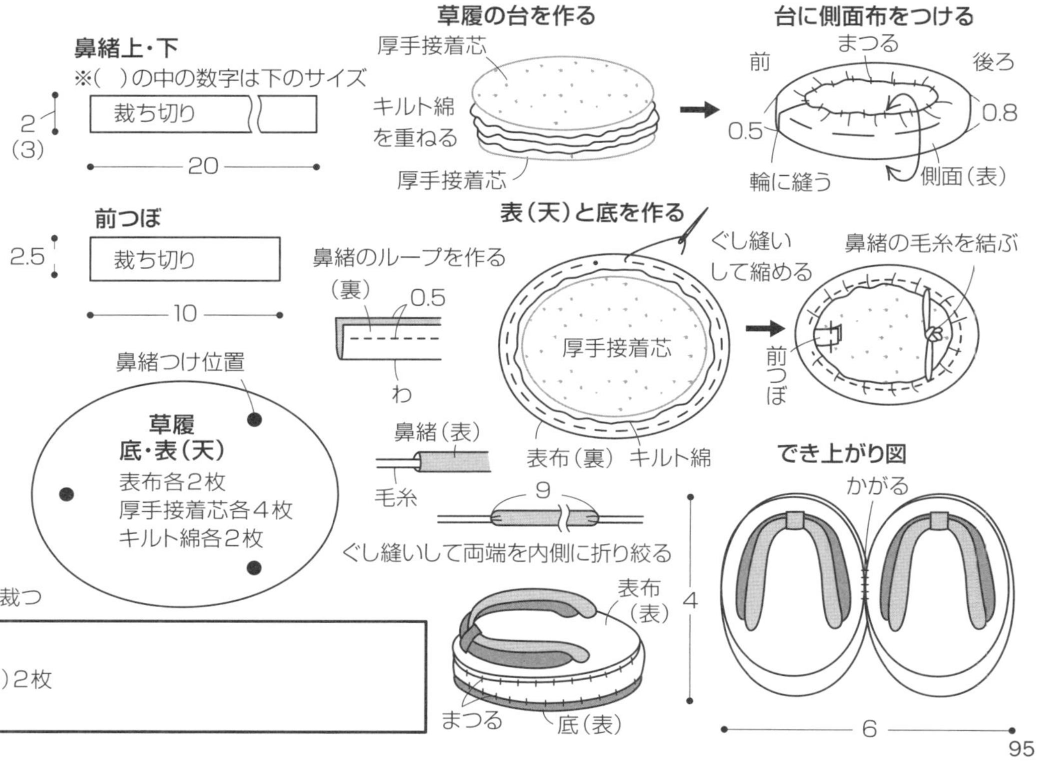

草履実物大型紙 ※指定以外縫い代0.5㎝つけて裁つ

春　駒　◎16、17ページの作品

■ **材　料**

ちりめん…赤無地 20 × 20㎝、白無地 10 × 15㎝、紫無地・柄・ピンク無地各適宜、ひも 40㎝、直径 0.5㎝の丸棒 9㎝、厚手接着芯・両面接着芯・金糸・銀糸・ドミット芯・化繊綿・ちりめん用カラー接着芯各適宜

■ **作り方**

1　外耳と内耳を中表に合わせて縫い、表に返す。
2　頭を二つに折って顔側と後ろ側を縫い、切り込みを入れて、口の中布を縫い合わせる。
3　胴下を輪にして 2 と縫い合わせる。
4　表に返して頭に綿を詰め、口の中布をかがる。
5　口べりをつける。
6　鼻、目、耳、たて髪をつける。
7　ループを作り、たずな、くつわを作って、くつわ飾りを貼る。
8　飾り布を中表に縫い、表に返して胴下を覆い縫い止め、飾りひもを上に貼る。
9　車を作り、口べりから本体に差し込み、綿をつめ、ひもを通して房飾りをつける。

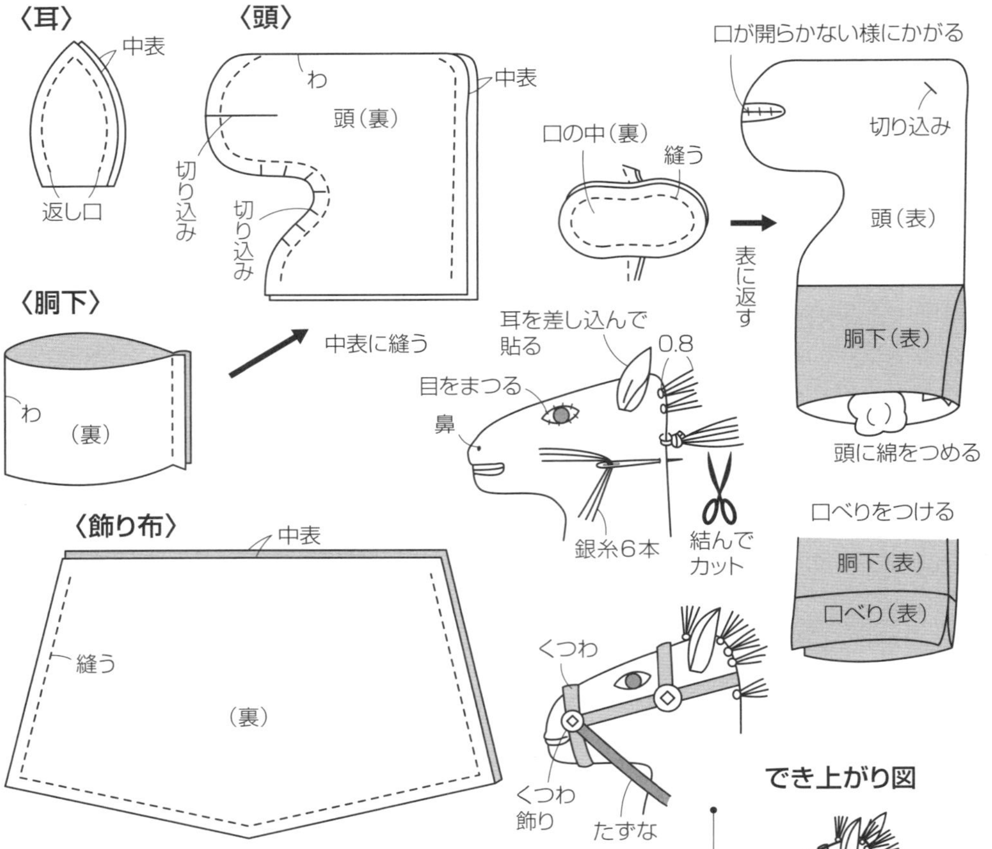

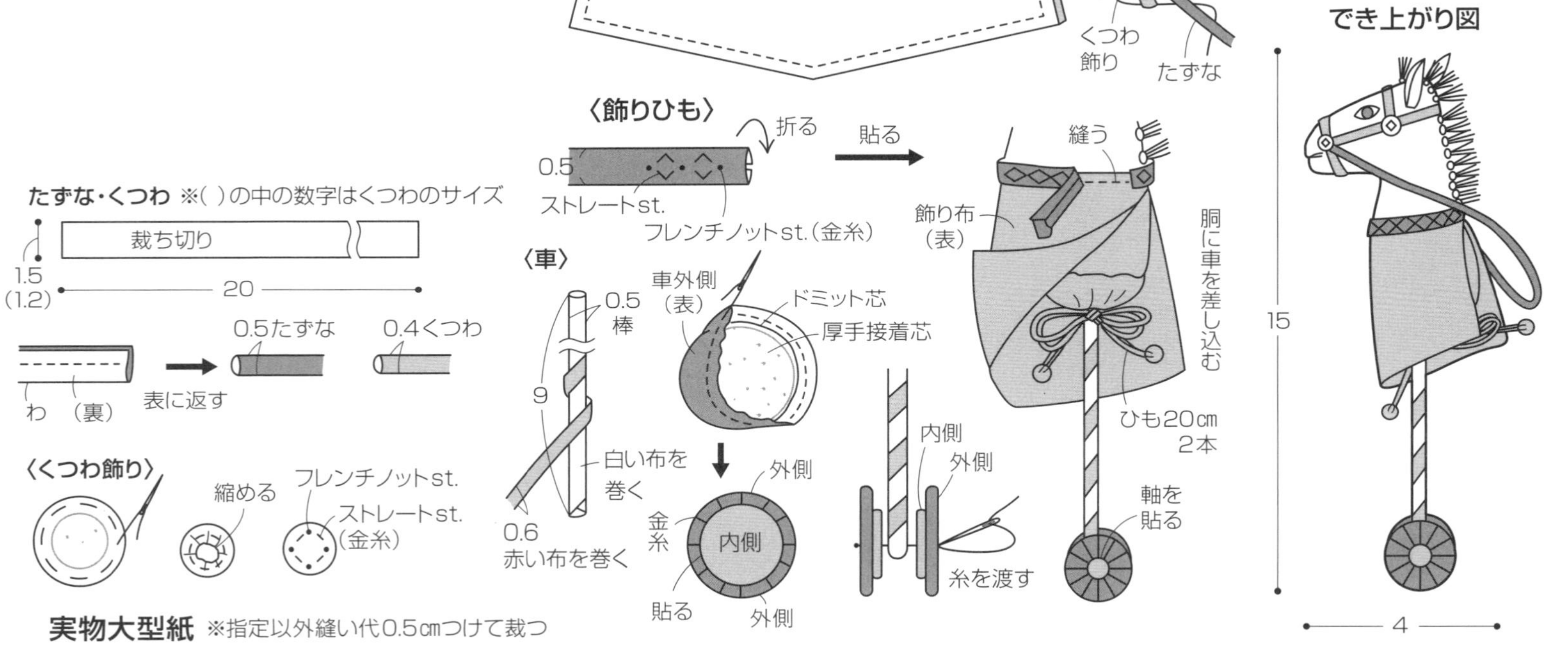

実物大型紙 ※指定以外縫い代0.5㎝つけて裁つ

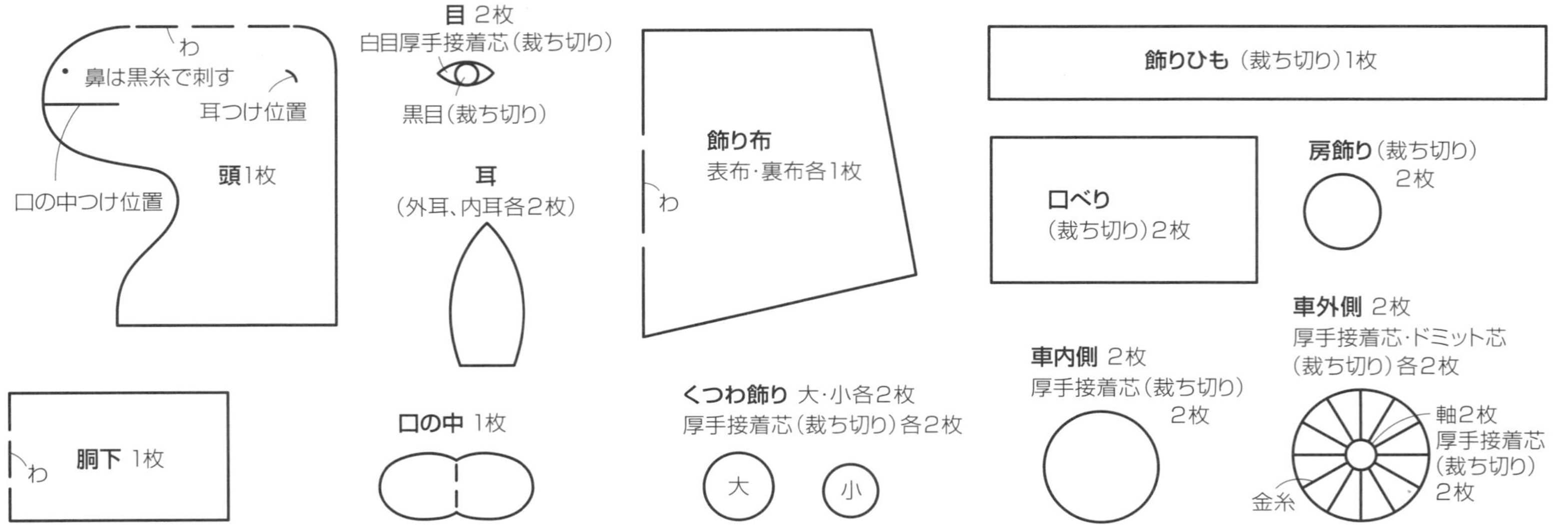

羽子板飾り（お正月の縁起物）

◎15、27ページの作品

羽子板図案

※200％に拡大して使用して下さい

雲龍

15ページの作品

お正月飾り

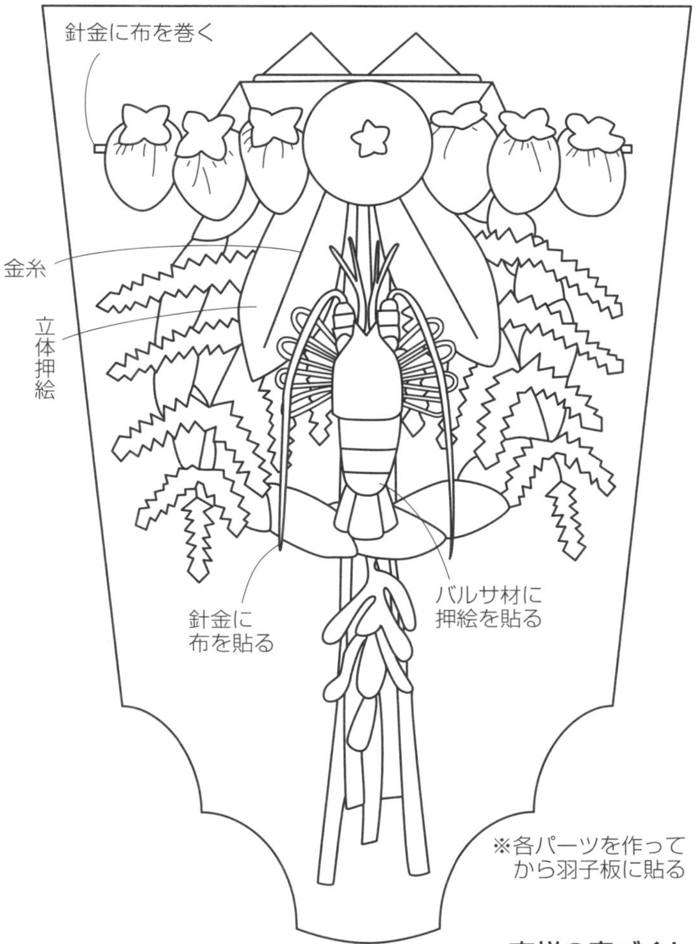

〈橙〉

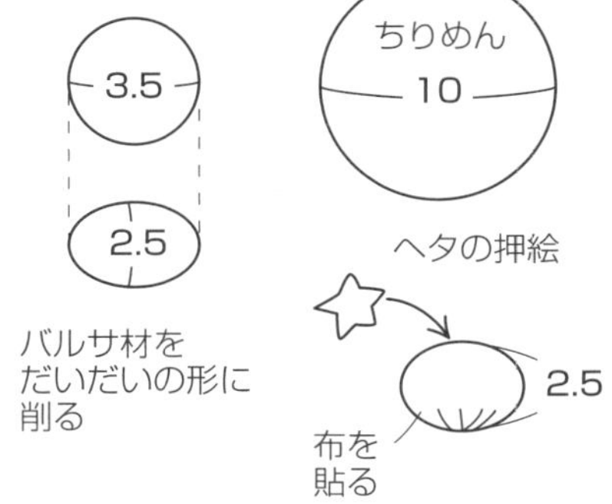

〈柿〉

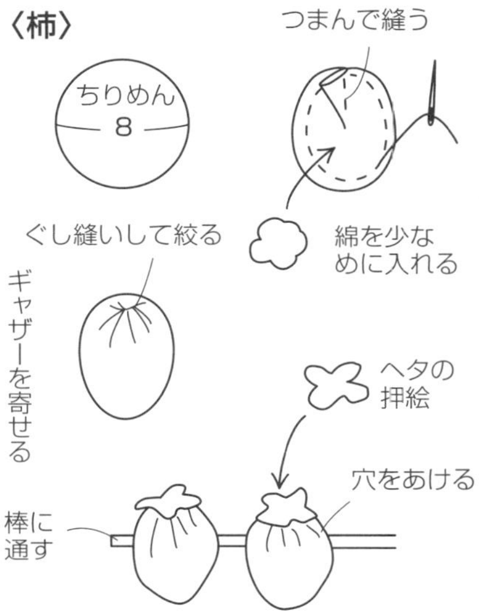

宝船

帆の飾り

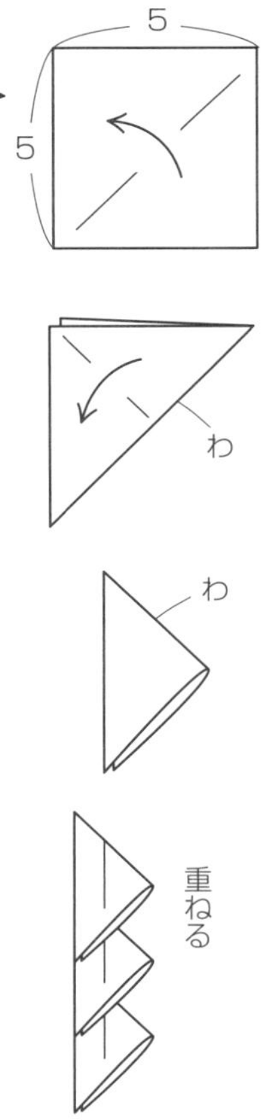

吉祥の宝づくし

花菖蒲の熨斗《のし》飾り

◎39ページの作品

■材　料

ちりめん…白無地 30 × 70㎝、紫２種・緑６種各適宜、黄４× 10㎝、直径 0.5㎝の打ちひも 65㎝、厚手接着芯・薄手接着芯各 40 × 30㎝、化繊綿・紫の穴糸・針金・ちりめん用カラー接着芯各適宜

■作り方

※実物大型紙は 93 ページ

1　葉、花弁、がく、のしそれぞれに接着芯を貼り表、裏布を貼り合わせる。

2　花弁大中小各３枚を形よく合わせてがくで巻き、続けて茎用布で巻いて花を２本作る。

3　葉大中小、花２本をまとめて、のしＢで包む。

4　のしＡは見返し布（2 × 38㎝）２枚を挟んで表布と裏布を貼り、表布に合わせて切り揃えて、折りたたむ。

5　４に３を重ねて下を折り、打ちひもを結ぶ。

〈葉〉

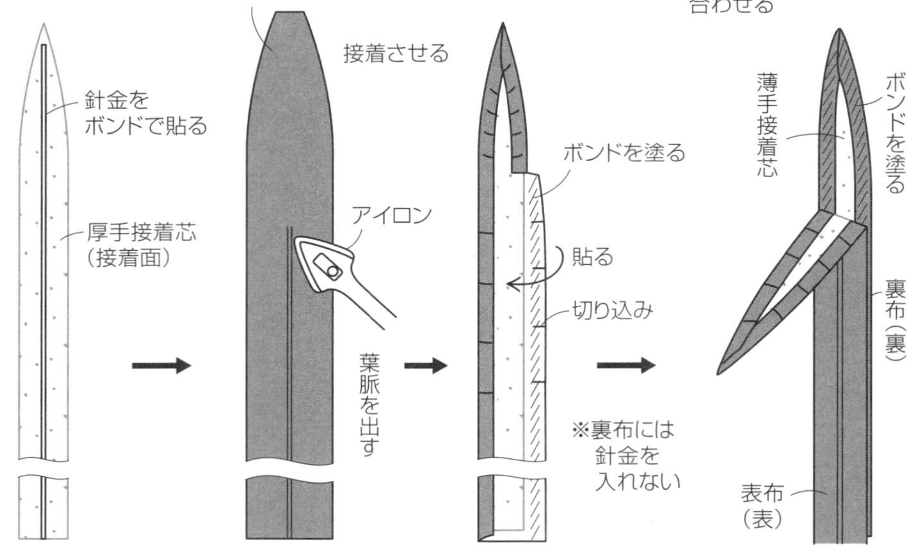

〈花弁大〉

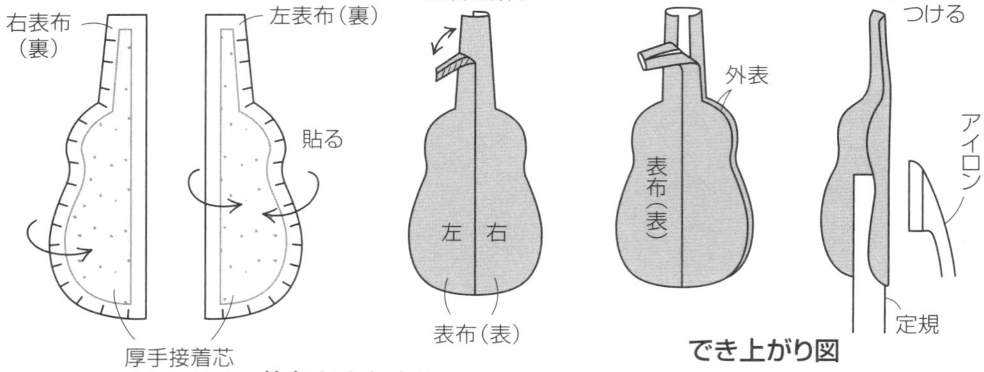

〈花芯〉※実物大型紙は93ページ

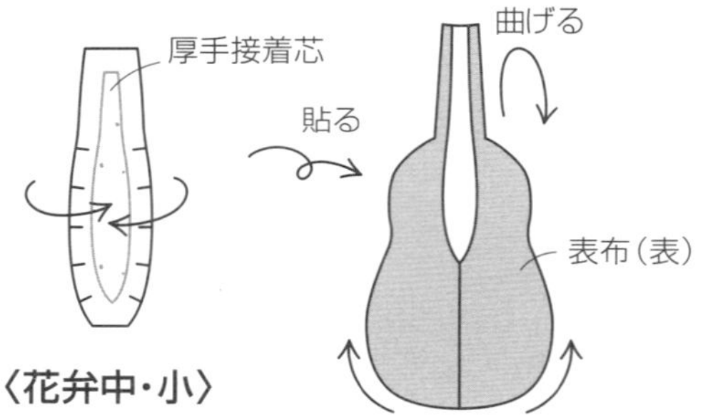

〈花弁中・小〉

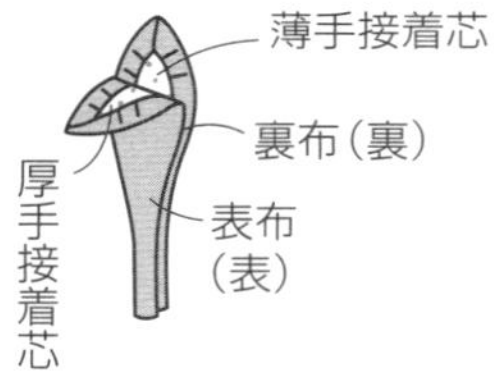

花弁をまとめる

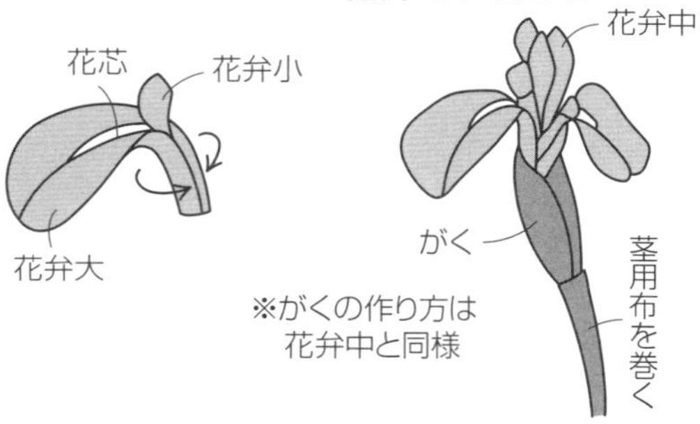

でき上がり図

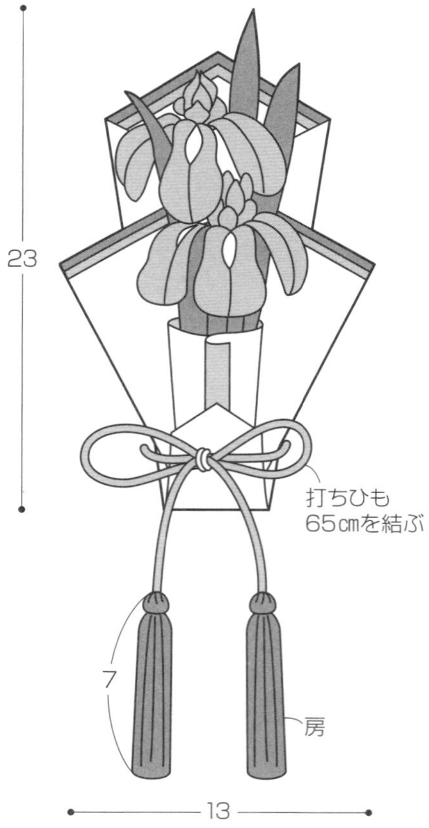

〈のしＡ〉

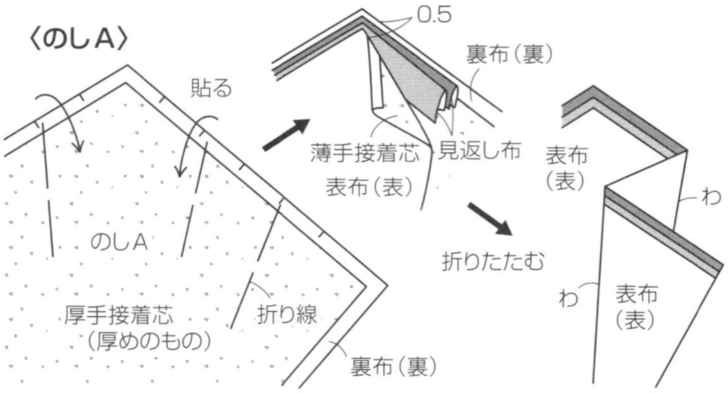

〈のしＢ〉

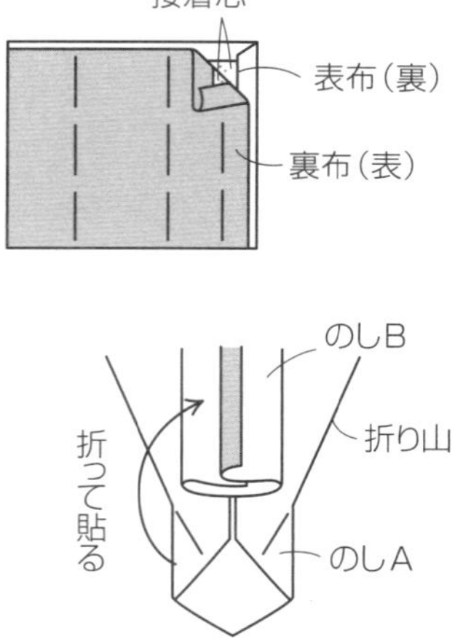

押絵の文箱

◎36~38ページの作品

押絵図案

※143%に拡大して使用下さい

※箱の上面（25×18.5㎝）に貼ります

ぼたん

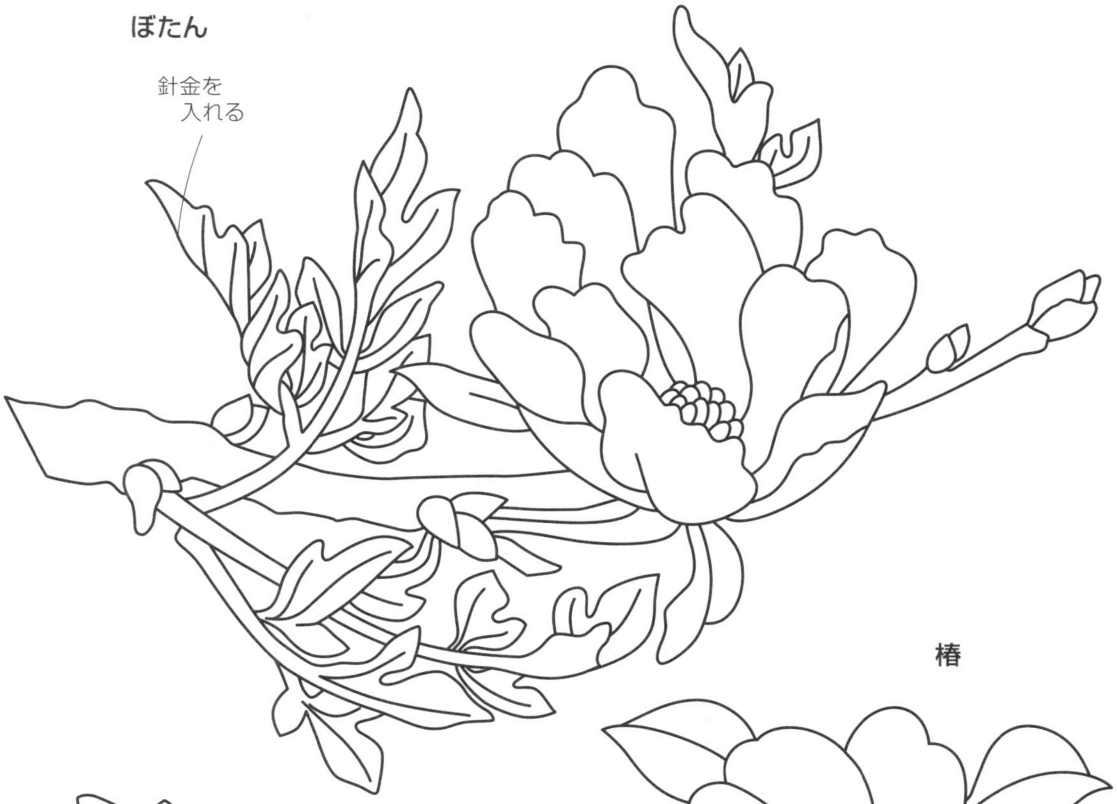

つつじ

椿

椿

桜

羽子板飾り（浮世絵）

◎28〜31ページの作品

羽子板図案

※200%に拡大して使用して下さい

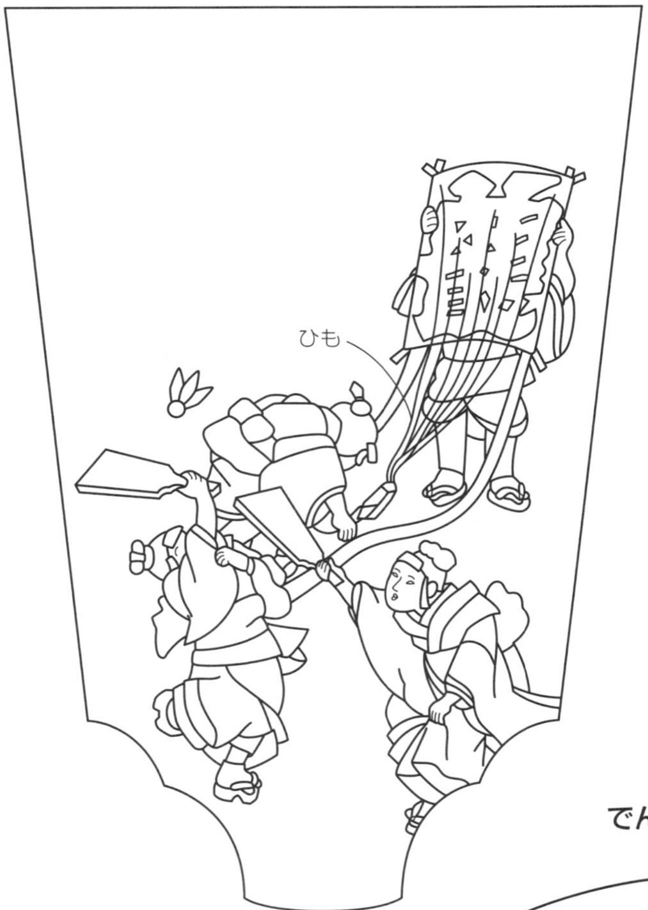

でんでん太鼓実物大図案

でんでん太鼓 ◎43ページの作品

◎43ページの作品

羽子板図案

※200%に拡大して使用して下さい

でんでん太鼓実物大図案

四季の花の屏風

◎34ページの作品

図案 ※125%に拡大して使用して下さい

朝顔

菊と紅葉

梅と椿

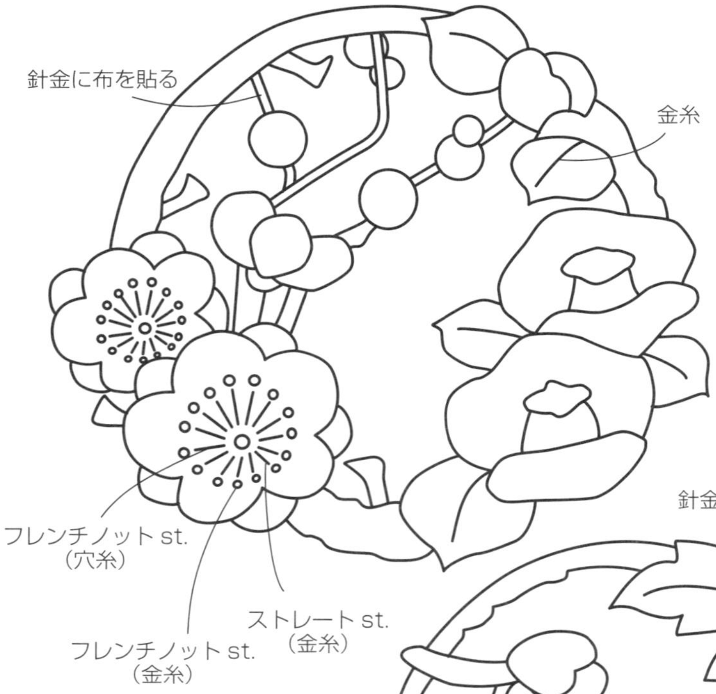

牡丹と桜

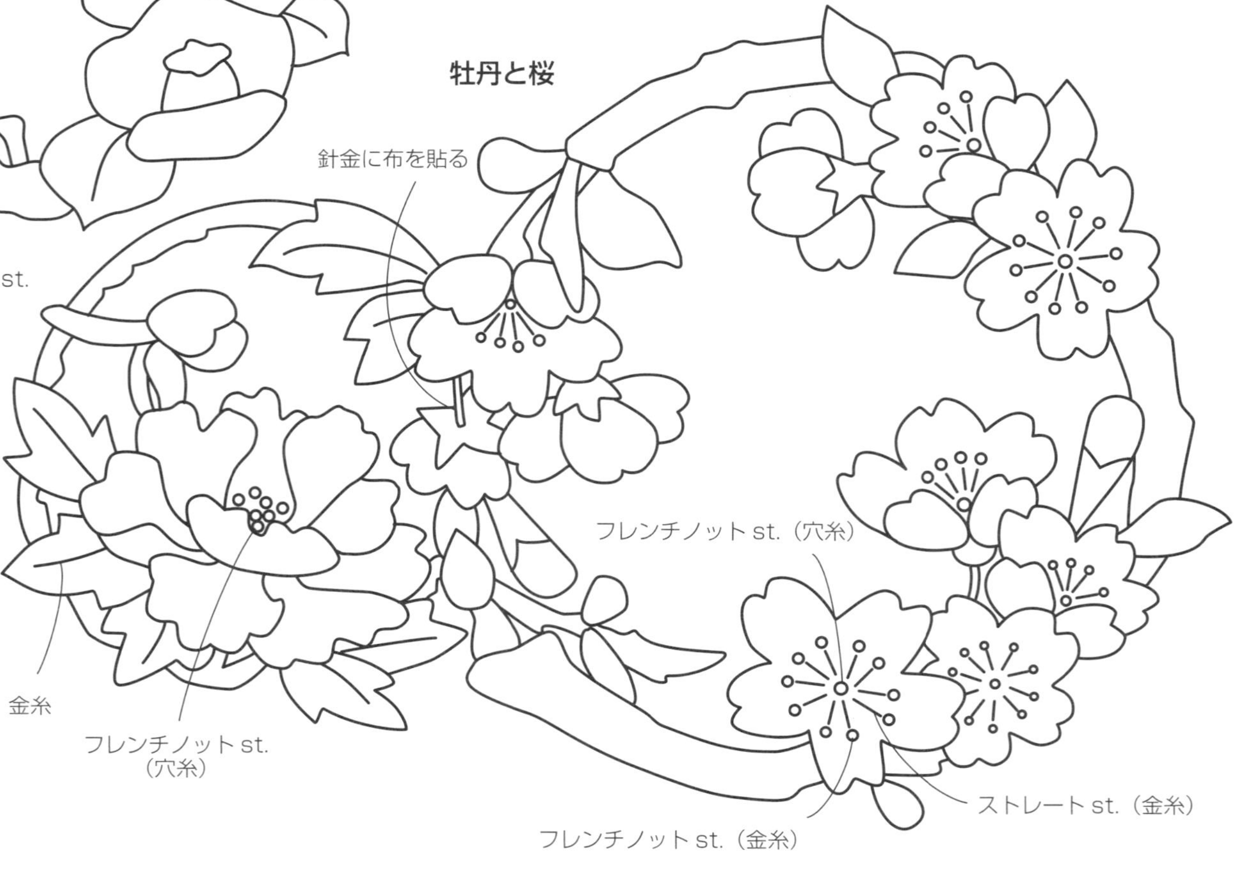

うさぎの嫁入り、着物と帯のひな型の屏風 ◎35ページの作品

図案 ※143%に拡大して使用して下さい

〔うさぎの嫁入り〕

〔着物と帯のひな型〕

弓岡勝美

ヘア・メイクを含む着物コーディネーターとして長年活躍。
アンティーク着物の[壱の蔵]を経営する一方、
押絵や木目込み、つり飾りなどの作品を発表する。
著者独特の古裂使いや、愛らしい押絵に定評がある。
著書に『弓岡勝美の手芸図鑑』シリーズとして、
『ちりめんの押絵とつり雛とてまり』、
『ちりめんのつり飾りとお雛様』、
『ちりめんの端裂で楽しむお細工物』、
『ちりめんのお細工物』(小社刊)、
『きものと着付け』(パッチワーク通信社)、
『昔きものレッスン十二か月』、
『布あそびー押絵の世界』(平凡社)、
『アンティーク振袖』(世界文化社)など著書多数。

弓岡勝美 教室のご案内

[蔵倶楽部]
・毎月第一金曜日(隔月)
　押絵教室　つり雛教室　11：00〜13：00、14：00〜16：00(各2時間)
・毎月第三木曜
　木目込み教室　13：00〜15：00

◎詳細につきましては、下記までお問い合わせください。
〒150-0001　東京都渋谷区神宮前1-15-1-204
株式会社 弓岡オフィス・蔵倶楽部事務局
電話 03-3470-8780　FAX 03-3470-8782
壱の蔵ホームページ http://ichinokura.info/

◎通信販売のお知らせ
掲載作品に◐マークがついているものは、本書で使用している本体材料、
または作品の一部はキットで購入できるものがあります。
(キットの布は古布ちりめんのため、本書の作品と同じではない場合があります)。
詳しくは、直接お問い合わせください。
OUTLET壱の蔵ホームページ http://ichi-nokura.co.jp/outlet/

弓岡勝美の手芸図鑑—VIII

ちりめんで作るお細工物

つり飾り、押絵、木目込み

発行日／2012年5月17日
著者／弓岡勝美
発行人／瀬戸信昭
編集人／森岡圭介
発行所／株式会社日本ヴォーグ社
　〒162-8705　東京都新宿区市谷本村町3-23
　TEL販売／03-5261-5081
　編集／03-5261-5083
出版受注センター／TEL 03-6324-1155
　　　　　　　　　FAX 03-6324-1313
振替／00170-4-9877
印刷所／株式会社東京印書館

NV70134　ISBN978-4-529-05062-3 C5077
定価 本体1,800円 ※消費税が別に加算されます

立ち読みもできるウェブサイト
「日本ヴォーグ社の本」http://book.nihonvogue.co.jp/

制作スタッフ
中島良子　馬場和子　吉川節子　中村佳代　小川美々　春日ノリヲ

staff
ブックデザイン／鷲巣デザイン事務所
撮影／渡辺淑克　奥山 光洋(20〜22ページ)
スタイリスト／小山佳子
トレース／ファクトリー・ウォーター
編集協力／鈴木さかえ
編集担当／日和佐ゆかり
編集ディレクター／今 ひろこ

あなたに感謝しております We are grateful.
手作りの大好きなあなたが、この本をお選びくださいまして
ありがとうございます。
内容はいかがでしたでしょうか？本書が少しでもお役に立てば、
こんなにうれしいことはありません。
日本ヴォーグ社では、手作りを愛する方とのおつき合いを大切にし、
ご要望におこたえする商品、サービスの実現を常に目標としています。
小社及び出版物について、何かお気づきの点や
ご意見がございましたら、何なりとお申し出ください。
そういうあなたに、私共は常に感謝しております。
株式会社日本ヴォーグ社社長　瀬戸信昭
FAX 03-3269-7874